Stickler · Der Klerikerzölibat

Der Autor: ALFONS MARIA KARDINAL STICKLER, geboren am 23. August 1910 in Neunkirchen/Niederösterreich, trat 1928 den Salesianern Don Boscos bei, studierte Philosophie und Theologie an den Ordenshochschulen in Helenenberg bei Trier, Benediktbeuern, Turin und Rom. 1937 wurde er zum Priester geweiht und absolvierte anschließend ein Jurastudium an der Lateranuniversität, das er mit dem Doktorat *utriusque iuris* abschloß. Seit 1940 lehrte er an der Salesianeruniversität in Turin, die 1958 nach Rom verlegt wurde, seit 1948 Ordinarius für Kirchenrecht und kirchliche Rechtsgeschichte und war in der Folge auch Dekan der kanonistischen Fakultät und Rektor Magnificus der Universität. 1971 wurde er Präfekt der Vatikanischen Bibliothek, 1983 Pro-Bibliothekar der Heiligen Römischen Kirche und Titular-Erzbischof von Bolsena, 1984 Pro-Archivar und 1985 Kardinal-Diakon von San Giorgio al Velabro und Kardinal-Bibliothekar und Archivar (bis 1988). Kardinal Stickler ist Mitglied vieler internationaler wissenschaftlicher Vereinigungen und Akademien, in der Römischen Kurie Konsultor verschiedener Kongregationen, war Mitglied der vorbereitenden Kommission des II. Vatikanischen Konzils und Peritus von drei Konzilskommissionen, Mitglied der Kommission für die Vorbereitung des neuen Codex Iuris Canonici (bis 1983) und ist Ehrendoktor mehrerer Universitäten. Seine Bibliographie 1942-1990 wurde anläßlich seines 80. Geburtstages in der Festschrift von Kardinal Castillo Lara veröffentlicht. Sie umfaßt acht Druckseiten. Vor allem ist er Herausgeber der „Studia Gratiana", Mitherausgeber der Reihe „Studi Gregoriani" und Gründer und Herausgeber der Reihe „Studia et Textus Historiae Juris Canonici".

Alfons Maria Kardinal Stickler

Der Klerikerzölibat

Seine Entwicklungsgeschichte
und seine theologischen Grundlagen

Maria aktuell

Die Deutsche Bibliothek – CIP-Einheitsaufnahme

Stickler, Alfons Maria:
Der Klerikerzölibat: seine Entwicklungsgeschichte und
seine theologischen Grundlagen / Alfons Maria Stickler. –
2. Aufl.–Abensberg: Maria aktuell, 1994
ISBN 3-930309-08-4

© 1993 Kral Verlag, Abensberg
© 1994 für die 2. Auflage: Maria aktuell Verlags-GmbH, Abensberg
Alle Rechte vorbehalten
Umschlaggestaltung: Grafik Design Alexander Willweber,
unter Verwendung eines Fotos von Foto Hoffmann, Reutte
Autorenfoto: Arturo Mari (L'Osservatore Romano)
Gesamtherstellung: J. Kral Verlagsdruckerei, D-93326 Abensberg
Printed in Germany
ISBN 3-930309-08-4 (2. Auflage,
1. Auflage bei J. Kral Verlagsdruckerei GmbH ISBN 3-87442-038-8)

Inhalt

Vorwort

Bei der immer wieder auflebenden und gerade in letzter Zeit stärker werdenden Diskussion um den Klerikerzölibat der katholischen Kirche kann man nicht wenige weit auseinanderlaufende Meinungen vor allem um seinen Ursprung und die Entwicklung in der West- und Ostkirche hören. Diese variieren von der Auffassung göttlichen Ursprungs bis zu rein kirchlicher Einsetzung insbesondere der strengen Disziplin der lateinischen Kirche. Bei der letzteren heißt es oft, daß die Verpflichtung erst vom 4. Jahrhundert an nachgewiesen werden könne, für andere ist sie erst etwa zu Beginn des zweiten Jahrtausends eingeführt worden, vornehmlich durch das zweite Laterankonzil vom Jahre 1139. Diese doch sehr unterschiedlichen Meinungen, noch mehr aber die jeweils angerufenen Gründe und Beweise für sie, lassen auf eine beachtliche Unsicherheit in der Kenntnis der diesbezüglichen Tatsachen und kirchlichen Bestimmungen, noch mehr aber in der Begründung des Klerikerzölibats schließen. Diese Unsicherheit geht, wie entsprechende Äußerungen zeigen, weit hinein und hinauf in die kirchlichen Kreise.

Es scheint deswegen in erster Linie notwendig zu sein, diese Tatsache und die Bestimmungen der Kirche von Anfang an bis heute darzustellen und den theologischen Begründungen nachzugehen, um ein rechtes Verständnis für diese umstrittene Institution zu gewinnen. Das kann natürlich nur mit Bezugnahme auf den neuesten Stand der Quellen- und Literaturkenntnis in dieser Materie geschehen, wenn diese Darstellung auf eine wissenschaftlich begründete Gültigkeit Anspruch erheben will. Es ist in dieser Hinsicht festzustellen, daß zur Zölibatsgeschichte in West und Ost gerade in letzter Zeit wichtige Erkenntnisse bekannt geworden sind, die entweder noch nicht in das allgemeine Bewußtsein vorgedrungen sind, oder auch totgeschwiegen werden, wenn sie dieses Bewußtsein in nicht erwünschter Weise beeinflussen könnten. [1]

Die vorliegende synthetische Darstellung soll von einem auf das Wesentliche beschränkten wissenschaftlichen Apparat begleitet sein, der es einerseits ermöglicht, das Gesagte zu überprüfen und andererseits die Möglichkeit gibt, es zu erweitern und zu vertiefen.

Der geschichtlichen Entwicklung in der West- und dann in der Ostkirche soll ein einleitender Abschnitt vorausgehen, in dem zuerst der Begriff des Klerikerzölibats geklärt wird, der den jeweiligen Zölibatsverpflichtungen zugrunde liegt, um dann auf die Methode hinzuweisen, die die rechte Behandlung dieses Gegenstandes verlangt, um zu sicheren Ergebnissen zu gelangen. Der letzte Teil soll den immer dringender verlangten theologischen Grundlagen des Klerikerzölibats gewidmet sein.

Inhalt

I. Begriff und Methode

1. Die erste und wichtigste Voraussetzung der Erkenntnis des geschichtlichen Werdeganges einer wie immer gearteten Institution ist die rechte Erfassung des ihr zugrunde liegenden Begriffs. Für den Klerikerzölibat umschreibt ihn in unübertrefflich prägnanter Weise einer der größten Dekretisten, d. h. Erklärer des Gratianischen Dekrets, das, um 1140 verfaßt, das gesamte Material rechtlicher Tradition des ersten christlichen Jahrtausends gesammelt und erklärt hat. Dieser Dekretist ist Huguccio von Pisa († 1210), der in seiner um 1190 verfaßten „Summa in Decretum Gratiani" dessen Behandlung des Zölibats mit folgenden Worten einleitet: „In hac Distinctione incipit (Gratianus) tractare specialiter de continentia clericorum, scilicet quam debent observare *in non contrahendo matrimonio* et *in non utendo contracto*".[2]

Hier tritt klar eine Doppelverpflichtung des Zölibats in Erscheinung, nämlich nicht zu heiraten und eine bereits vorher geschlossene Ehe nicht mehr zu vollziehen. Daraus ergibt sich, daß damals, also im 12. Jahrhundert nach Christus, höhere Kleriker da sind, die vor der Weihe schon verheiratet waren. Tatsächlich wissen wir auch aus der Hl. Schrift, daß die Weihe Verheirateter durchaus üblich war, etwa, wenn der hl. Paulus seinen Schülern Titus und Timotheus sagt, daß solche Weihekandidaten nur einmal verheiratet gewesen sein dürfen.[3] Vom hl. Petrus wenigstens wissen wir sicher, daß er verheiratet war, denn Petrus sagte zum Meister: „Siehe, wir haben alles verlassen und sind dir nachgefolgt. Was wird uns dafür zuteil werden?" Darauf antwortet Christus (bei Lukas): „Wahrlich ich sage euch: Niemand verläßt um des Reiches Gottes willen Haus, Eltern, Brüder, *Frau oder Kinder*, ohne daß er dafür in dieser Welt viel mehr empfängt und in der zukünftigen Welt das ewige Leben."[4]

Hier tritt bereits die erste Verpflichtung des Klerikerzölibats in Erscheinung, nämlich die mit der Weihe verpflichtende Enthaltsamkeit von jedem Ehevollzug. Darin besteht tatsächlich der heute fast allgemein vergessene Sinn des Zölibats, der im ganzen ersten Jahrtausend und noch weit darüber hinaus allen gegenwärtig war: die völlige Enthaltsamkeit von jeder, auch der in der Ehe erlaubten, ja verbindlichen Zeugung von Kindern. Tatsächlich sprechen die ersten geschriebenen Gesetze über den Zölibat von diesem Verbot der weiteren Kinderzeugung, wie im zweiten Teil überzeugend dokumentiert werden soll. Das zeigt, daß eben wegen der großen Zahl der vorher verheirateten Kleriker diese Verpflichtung urgiert werden mußte; das Heiratsverbot aber zuerst im Hintergrund steht und erst hervortritt, sobald und je mehr die vorher unverheirateten Kandidaten von der Kirche gefördert und verlangt werden, bis sie fast oder ganz allein die höheren Weihekandidaten stellen.

Zur Vollständigkeit dieses ersten Zölibatsbegriffs, der von Anfang an richtig „Enthaltsamkeit" genannt wird, soll sofort bemerkt werden, daß verheiratete Weihekandidaten nur auf die Ehe verzichten konnten, wenn die Ehefrau damit einverstanden war, da sie ja auf Grund des empfangenen Sakramentes ein unverlierbares Recht auf den Vollzug der geschlossenen (und vollzogenen) Ehe, die unauflöslich war, hatte. Über den damit verbundenen Komplex von Verpflichtungen soll im zweiten Teil gehandelt werden.

2. Die zweite Voraussetzung zur rechten Erkenntnis von Entstehung und Entwicklung des Klerikerzölibats, der nach der Begriffserklärung fortan die geschlechtliche „Enthaltsam-

keit" genannt werden soll, ist umso wichtiger, als die Vielfalt der Meinungen gerade über Entstehung und erste Entwicklung der Verpflichtung zur Enthaltsamkeit durch die Nichtbeachtung der rechten Methode bei Erforschung und Darstellung dieser Frage erklärt werden kann.

Dazu soll zuerst allgemein bemerkt werden, daß jedes Wissenschaftsgebiet seine Autonomie den anderen gegenüber durch den eigenen Gegenstand und durch die von diesem geforderte Methode erhält. Es gibt zwar für die großen miteinander verwandten Wissenschaften, wie etwa die Geisteswissenschaften, allen gemeinsame, also allgemein zu befolgende Regeln der wissenschaftlichen Forschung. So kann kein wissenschaftliches Arbeiten auf allen Gebieten der Geschichte auf die Regeln einer vorausgehenden Quellenkritik verzichten, die zuerst die Echtheit und die Unversehrt- oder Unverfälschtheit der Quellen feststellen muß, um dann erst auf ihre innere Bewertung einzugehen, nämlich ihre Glaubwürdigkeit und ihren Beweiswert. Hierher gehören vor allem der Wille und die Fähigkeit, die Zeugnisse selbst und ihre Aussagen in der rechten Weise zu erfassen und zu verwerten. Erst auf dieser gesicherten Grundlage kann die Hermeneutik oder die rechte Auslegung dieser nach Echtheit, Unverfälschtheit, Zeugniswert und Glaubwürdigkeit bereits gesicherten Quellen stattfinden.

Außer diesen allgemeinen methodologischen Voraussetzungen muß dann aber die von der Spezialwissenschaft geforderte Methode einsetzen. Eine kompetente Geschichtsschreibung der Philosophie setzt die Kenntnis der Philosophie selbst voraus, die Theologiegeschichte die Kenntnis der Theologie, die Geschichte der Medizin und Mathematik die Kenntnis dieser beiden Wissenschaften, die Rechtsgeschichte die

Kenntnis des Rechts und seiner arteigenen methodologischen Erfordernisse.

Nun beschäftigt sich die Zölibatsgeschichte mit kirchlichem Recht und katholischer Theologie, dem Inhalt und der Entwicklung nach. Niemand, der auf eine rechte Hermeneutik der entsprechenden Zeugnisse Anspruch erhebt, kann auf die dem Recht und der Theologie eigene Methode verzichten. Den Sinn und die Notwendigkeit dieser auf den ersten Blick abstrakt erscheinenden Bemerkungen möchte ich nun sofort in sehr konkreter Weise für unseren Gegenstand zur Anwendung bringen.

Um die Wende des vergangenen Jahrhunderts hat es eine heute noch bekannte und fortwirkende harte Diskussion zur Entstehung des kirchlichen Zölibats gegeben. Gustav Bickell, Sohn eines Juristen und selbst Orientalist, führte seinen Ursprung auf apostolische Anordnung mit Berufung auf hauptsächlich orientalische Zeugnisse zurück. Ihm antwortete Franz X. Funk, der bekannte Historiker der alten Kirche, daß davon keine Rede sein könne, da wir erst am Anfang des 4. Jahrhunderts ein Zölibatsgesetz feststellen können. Nach einem doppelten Schwerterabschlag schwieg Bickell, während Funk seine Ergebnisse nochmals zusammenfassend wiederholte, ohne von seinem Gegner eine Antwort zu erhalten. Dafür erhielt er aber bedeutsame Zustimmung von anderen angesehenen Gelehrten, wie von E. F. Vacandard und H. Leclercq, deren Einfluß und Autorität auch wegen ihrer Neigungsäußerung in weitverbreiteten Kommunikationsmitteln der These Funks zu einer fast allgemein positiven Annahme verhalf, die bis heute anhält.[5]

Bezugnehmend auf das vorher zur methodologischen Voraussetzung Gesagte muß festgestellt werden, daß F. X. Funk bei seiner These schon der allgemeinen Quellenkritik nicht gerecht geworden ist, was bei einem ansonsten hochqualifizierten Gelehrten, der er ohne Zweifel war, sonderbar anmutet. Er hat nämlich als einen Hauptbeweis gegen Bickells Auffassung die Geschichte des ägyptischen Mönchbischofs Paphnutius auf dem Konzil von Nicäa (325) angenommen unter Außerachtlassung der grundlegenden äußeren Quellenkritik; diese hatte doch schon vor ihm wiederholt die Unechtheit dieser Erzählung behauptet. Sie ist heute erwiesen, worauf wir bei der Behandlung von Nicäa zu unserem Thema zurückkommen werden. Einen noch größeren, wenn auch für ihn weniger schuldbaren Fehler beging aber Funk dadurch, daß er eine offizielle Verpflichtung zum Zölibat erst mit einem geschriebenen Gesetz zugeben wollte. Das gleiche muß auch vom Theologiehistoriker Vacandard und vom Konzilshistoriker Leclercq gesagt werden.

Jeder Rechtshistoriker weiß, daß (was einer der bedeutendsten Rechtstheoretiker dieses Jahrhunderts, Hans Kelsen, ausdrücklich betont hat) eine Identifikation von Recht und Gesetz (ius und lex) falsch ist. Ius ist jede verpflichtende Rechtsnorm, ob nun nur mündlich oder gewohnheitsrechtlich überliefert, oder schon schriftlich festgehalten; während Gesetz die geschriebene und legitim veröffentlichte Anordnung ist.

Es ist gerade eine typische Eigenheit des Rechts, was jede Rechtsgeschichte darlegt, daß am Anfang jeder Rechtsordnung das mündlich Weitergegebene und das gewohnheitsrechtlich Überlieferte steht, das erst langsam eine schriftlich festgelegte Form erhält. So wurde das römische Recht erst nach Jahrhunderten aus soziologischen Gründen im geschriebenen Zwölf-Tafel-Gesetz niedergelegt. Alle germanischen Völker haben erst nach vielen Jahrhunderten ihrer Existenz ihre Volksrechtsordnungen niedergeschrieben. Ihr Recht war bis dahin ungeschrieben und wurde mündlich überliefert. Niemand wird deswegen behaupten wollen, daß dieses Recht nicht verpflichtend und seine Befolgung dem freien Willen des Einzelnen anheimgestellt war.

Wie die Rechtsordnung einer jeden größeren Gemeinschaft, so bestand auch die der jungen Kirche in vielfach nur mündlich überlieferten Verordnungen und Verpflichtungen, die auch wegen der dreihundertjährigen Verfolgungszeit wenig schriftlichen Niederschlag finden konnten. Sie hatte allerdings doch mehr als viele andere junge Rechtsordnungen schon geschriebene Elemente aufzuweisen. Die Kirche selbst war sich dieser Art ihres früheren Rechtes wohl bewußt, und wir haben dafür sogar einen Beweis in der Hl. Schrift. Der hl. Paulus schreibt nämlich in seinem 2. Brief an die Thessalonicher (2, 15): „So steht denn fest, Brüder, und haltet euch an die Überlieferungen, die ihr mündlich oder schriftlich von uns empfangen habt." Es handelt sich hier zweifellos um verpflichtende Verordnungen, die nicht schriftlich, sondern, wie es auch ausdrücklich heißt, nur mündlich gegeben worden waren und auch nur so weitergegeben wurden. Wer also ausschließlich jene Verordnungen als verpflichtend gelten läßt, für die man geschriebene Gesetze nachweisen kann, wird der Erkenntnismethode auf dem Gebiet der Rechtsgeschichte nicht gerecht.

Was nun die rechte Methode für die Kenntnis der theologischen Grundlagen der Klerikerenthaltsamkeit angeht, so muß ausdrücklich in Erinnerung gerufen werden, daß für sie neben dem disziplinären Sachgebiet auch die Theologie in Frage kommt, insofern es sich um ein Charisma handelt, das innigst mit der Kirche und mit Christus verbunden ist, das deswegen nur aus der Offenbarung und deren theologischen Aufarbeitung erkannt und ausgeschöpft werden kann.

Nun steht aber heute fest, daß die mittelalterliche Theologie die mit Recht und Disziplin verbundenen Sachgebiete wenig eigenständig behandelt, sondern Diskussionen wie deren Ergebnisse aus der damals blühenden klassischen Kanonistik, von den Glossatoren, übernommen hat. Das haben die Historiker der mittelalterlichen Theologie schon ausdrücklich festgestellt[6] und ein Blick in das Werk des Fürsten der mittelalterlichen Scholastik, des hl. Thomas v. Aquin, bestätigt das hinreichend. Das ist sicher der Hauptgrund, warum die Klerikerenthaltsamkeit von seiten der Theologie selbst, d.h. mit der ihr eigenen Methode der Begründung aus der Offenbarung und ihren Quellen, keine befriedigende Behandlung erfahren hat. Das ist zwar zum Teil bereits nachgeholt worden, es wird aber immer mehr gerade für unseren Gegenstand eine Vertiefung der theologischen Grundlagen verlangt. Im letzten Abschnitt soll diesem nur allzu berechtigten Verlangen Rechnung getragen werden.

II. Die Entwicklung in der lateinischen Kirche

Nach diesen notwendigen Überlegungen zu Begriff und Methode soll nun zuerst die Entwicklung der Klerikerenthaltsamkeit in der lateinischen Kirche verfolgt werden. Von den verschieden gearteten Traditionszeugen darf mit Recht zuerst das Konzil von Elvira angerufen werden. Im ersten Jahrzehnt des 4. Jahrhunderts versammelten sich in der bei Granada gelegenen Bischofsstadt Elvira Bischöfe und Priester der spanischen Kirche, um in dem zur westlichen Reichshälfte gehörigen Spanien, das sich unter Cäsar Konstantius verhältnismäßig größerer Ruhe erfreute, die kichlichen Verhältnisse einer gemeinsamen Regelung zu unterwerfen. In der vorausgegangenen Zeit der Verfolgungen der christlichen Religion im römischen Großreich waren Mißbräuche auf mehr als einem Gebiet aufgetreten und hatte die Beobachtung der kirchlichen Disziplin ernsten Schaden erlitten. In 81 Konzilskanones wurden für alle wichtigen Gebiete des kirchlichen Lebens, die einer Klärung und Erneuerung bedurften, Verordnungen getroffen, die die alte Disziplin erneut betonten und notwendig gewordene neue Bestimmungen erließen.

Der 33. Kanon enthält nun das bekannte erste Zölibatsgesetz. Unter der Überschrift „Über die Bischöfe und (Altar)Diener, daß sie sich nämlich ihrer Ehefrauen enthalten" steht dann der Text der Verfügung:

„Man stimmt in dem vollkommenen Verbot überein, das für Bischöfe, Priester, Diakone, d.h. für alle Kleriker, die im Altardienst stehen, gilt, daß sie sich ihrer Ehefrauen enthalten und keine Kinder zeugen; wer aber solches getan hat, soll aus dem Klerikerstande ausgeschlossen werden."

Schon der can.27 hatte das Verbot betont, daß fremde Frauen mit Bischöfen und anderen Klerikern zusammenwohnen. Nur eine Schwester oder eine zur Jungfrau geweihte Tochter dürften sie bei sich haben; auf keinen Fall eine außenstehende Frau.[7]

Aus diesen ersten Gesetzestexten geht folgendes hervor: Viele, wenn nicht die meisten höheren Kleriker der damaligen spanischen Kirche waren „viri probati", d.h. vor der Weihe verheiratet. Sie waren aber verpflichtet, nach der Weihe zu Diakonen, Priestern und Bischöfen vollen Verzicht auf weiteren Eheverkehr, also strenge Kontinenz zu beobachten. Im Licht der Zweckausrichtung des Konzils von Elvira, des Rechts und der Rechtsgeschichte der damals auch Spanien beherrschenden römischen Rechtskultur ist es unmöglich, den can.33 (zusammen mit can.27) als ein neues Gesetz anzusehen. Er erweist sich eher klar als eine Maßnahme gegen eine bereits weithin eingerissene Nichtbeachtung der übernommenen und wohl bekannten Verpflichtung, der nun auch die radikale Sanktion beigegeben ist: Entweder Beobachtung der übernommenen Verpflichtung oder Verzicht auf das klerikale Amt. Eine derartige Neuerung mit so allgemein verfügter Rückwirkung auf bereits erworbene Rechte hätte wohl einen Sturm der Entrüstung gegen einen solchen evidenten Rechtsbruch hervorgerufen. Das hat bereits Pius XI. klar erkannt, wenn er in seiner Priesterenzyklika feststellt, daß dieses geschriebene Gesetz bereits eine vorausgehende Praxis voraussetzt.[8]

Nach diesem wichtigen Gesetzestext von Elvira müssen wir sofort einen heranziehen, der noch wichtiger ist und dem wir als grundlegenden Beziehungspunkt später noch zweimal begegnen werden. Es handelt sich um eine verbindliche Erklärung, die zum ersten Mal im can. 2 des Afrikanischen Konzils vom Jahre 390 erlassen und in den folgenden afrikanischen Konzilien wiederholt wurde, um schließlich in den „Codex Canonum Ecclesiae Africanae" einzugehen. Hier der Text:

„Daß die Keuschheit von den Leviten und Priestern behütet werde.

Der Bischof Epigonius sagte: Da im vorausgehenden Konzil über die Enthaltsamkeit und Keuschheit gesprochen wurde, sollen die drei Grade, die auf Grund der Weihe durch eine gewisse Verpflichtung der Keuschheit verbunden sind – nämlich der Bischof, Priester und Diakon –, durch einen vollständigeren Unterricht über die Bewahrung der Reinheit belehrt werden.

Der Bischof Genetlius sagte (darauf): Wie oben gesagt wurde, ist es angebracht, daß die heiligen Vorsteher und Priester Gottes sowie die Leviten oder alle, die den göttlichen Sakramenten dienen, in allem enthaltsam sind, damit sie das, was sie in aller Schlichtheit vom Herrn erbitten, erlangen können; damit so, was die Apostel gelehrt haben und was ein alter Brauch bewahrt hat, auch wir behüten.

Einstimmig sagten darauf die Bischöfe: Wir alle sind uns darüber einig, daß Bischof, Priester und Diakon, die Schützer der Keuschheit, sich auch selbst ihrer Ehefrauen enthalten, damit in allem und von allen die dem Altare dienen, Keuschheit beobachtet werde."[9]

Aus dieser Erklärung des Konzils von Karthago geht hervor: Auch in der Afrikanischen Kirche war ein großer Teil, wenn nicht die Mehrheit des höheren Klerus vor der Weihe verheiratet. Alle aber müssen nach der Weihe enthaltsam leben. Hier wird dieses Gebot ausdrücklich durch die Verbindung von Altardienst und Weihesakrament begründet. Außerdem wird es ausdrücklich auf die Apostellehre, auf die Beobachtung der Traditionen der Vergangenheit (antiquitas) und auf die einstimmige Bestätigung durch die gesamte Afrikanische Kirche zurückgeführt.

Nun ist aber aus einer Kontroverse mit Rom, in die diese Bestimmungen eingebaut sind, bekannt, wie bewußt und lebendig in dieser Kirche die Gesamttradition der alten Kirche war. Damals war der Priester Apiarius von seinem Bischof (von Sicca) exkommuniziert worden. Er appellierte daraufhin nach Rom, wo man die Appellation mit Berufung auf einen Kanon von Nicäa annahm, der derartige Appellationen zugelassen hätte. Die Afrikanischen Bischöfe erklärten sich aber solidarisch mit ihrem Kollegen und leugneten die Existenz eines derartigen nicänischen Kanons. In verschiedenen Zusammenkünften der Afrikanischen Bischöfe, an denen auch die Gesandten Roms teilnahmen, wurde dieser Fall behandelt, wovon uns noch die „canones in causa Apiarii" erhalten sind.[10] Die Afrikaner behaupteten, daß in ihrer Liste der nicänischen Bestimmungen kein derartiger Kanon aufscheine. Sie schickten Gesandtschaften nach Alexandrien, Antiochien und Konstantinopel; aber auch in diesen Zentren wußte man nichts von einem solchen Kanon. Der Irrtum der römischen Seite klärte sich insofern auf, als man dort den Kanones von Nicäa auch die des Konzils von Sardica angehängt hatte, das im Jahre 342 auch wieder unter dem Vorsitz des Hosius von Cordoba nochmals die arianische Frage behandelt hatte. Wohl aus diesem Grunde hatte man in Rom die disziplinären Beschlüsse von Sardica denen von Nicäa hinzugefügt und dann alle als nicänisch angesehen. In Sardica hatte man tatsächlich auch die Berufung nach Rom festgelegt (can.3). Die Afrikanische Kirche hatte dann keine Schwierigkeiten, Papst Zosimus, der den Ursprung der Berufungsmöglichkeit nach Rom fälschlich Nicäa zugeschrieben hatte, den Irrtum nachzuweisen. In der Hauptsitzung in dieser Angelegenheit, die am 25. Mai 419 stattfand, führte nun Bischof Aurelius von Karthago den Vorsitz. Es nahmen daran einmal der Römische Legat Faustinus von Fermo mit den zwei römischen Priestern Philippus und Asellus teil, dann an die 240 afrikanische Bischöfe, unter denen Augustinus von Hippo und Alypius von Tagaste waren. Der Vorsitzende eröffnete die Verhandlungen mit den Worten: „Wir haben hier bei uns die Exemplare der Bestimmungen, die unsere Väter vom Konzil von Nicäa mitbrachten; wir bewahren dessen Form unversehrt, und wir werden auch die folgenden von uns unterfertigten Beschlüsse behüten". Darauf folgte das Glaubensbekenntnis zur Dreifaltigkeit aus dem Munde aller Konzilsväter.

An dritter Stelle wurde dann der oben wiedergegebene Text zur Klerikerenthaltsamkeit des Konzils vom Jahre 390, der dort von Epigonius und Genetlius vorgetragen worden war, nun vom Vorsitzenden Aurelius wiederholt. Darauf sprach (unter der Rubrik: „Über die Weihestufen, die sich ihrer Ehefrauen enthalten müssen") der päpstliche Legat Faustinus folgendermaßen: „Wir stimmen darüber überein, daß Bischof, Priester und Diakon, d.h., alle, die die Sakramente berühren, als die Behüter der Keuschheit, sich ihrer Ehefrauen enthalten". Darauf antworteten alle Bischöfe: „Wir stimmen überein, daß in allen und von allen, die dem Altare dienen, die Keuschheit bewahrt werde."[11]

Unter den folgenden Normen, die aus dem gesamten Traditionsgut der Afrikanischen Kirche wieder verlesen und erneut beschlossen wurden, steht an 25. Stelle der vom Vorsitzenden Aurelius gesprochene Text: „Wir, liebe Brüder, fügen hier noch hinzu: Als über die Nichtenthaltsamkeit ihren eigenen Ehefrauen gegenüber von seiten einiger Kleriker, obwohl sie nur Lektoren waren, berichtet wurde, hat man beschlossen, was auch in verschiedenen Konzilien bestätigt wurde: Die Subdiakone, die die heiligen Mysterien berühren, und die Diakone, die Priester und auch die Bischöfe müssen sich, auf Grund der für sie geltenden Bestimmungen, auch der eigenen Ehefrau enthalten, so daß sie als solche gelten, die keine besitzen. Wenn sie sich nicht daran halten, müssen sie von ihrem kirchlichen Dienst entfernt werden. Die übrigen Kleriker werden aber nicht dazu angehalten außer in reiferem Alter." Darauf antwortete das gesamte Konzil: „Was Eure Heiligkeit in rechter Weise vorgebracht hat und was heilig und gottgefällig ist, bestätigen wir."[12]

Diese Zeugnisse der Afrikanischen Kirche vom Ende des 4. und Anfang des 5. Jahrhunderts müssen wegen ihrer grundlegenden Wichtigkeit so ausführlich zitiert werden. Es handelt sich hier um ein ganz klares Traditionsbewußtsein, das sich nicht nur auf eine allgemeine von niemanden in Zweifel gezogene Überzeugung, sondern auch auf wohlaufbewahrte Dokumente stützte. Es existierten damals im Archiv der Afrikanischen Kirche noch die Originalakten, die die Väter vom Konzil in Nicäa mitgebracht hatten. Entgegenstehende Bestimmungen zum Klerikerzölibat wären den Afrikanern ebenso bewußt gewesen wie der Irrtum der römischen Kirche über die Nicäa zugeschriebenen Kanones von Sardica, und sie hätten es auch der römischen Kirche gegenüber geltend gemacht.

Wir ersehen daraus auch das Traditionsbewußtsein der Gesamtkirche, deren Teile miteinander in lebendiger Verbindung standen: Rom und Italien, Spanien, Afrika, Alexandria, Antiochia, Konstantinopel. Gerade, was von der Afrikani-

schen Kirche so ausdrücklich und wiederholt vom apostolischen Ursprung und der hergebrachten Beobachtung der
Klerikerenthaltsamkeit gesagt wurde – und zwar mit Ein-
schluß der Sanktionen gegen Zuwiderhandelnde –, wäre ge-
wiß nicht ohne Widerspruch so allgemein angenommen worden, hätte es nicht einer allbekannten Tatsache entsprochen.
Ja, es gibt dafür auch ausdrückliche Zeugnisse der Ostkirche,
auf die wir noch zurückkommen werden.

Bei diesem afrikanischen Zeugnis zur Klerikerenthaltsamkeit
haben wir bereits eine sehr maßgebende Stimme aus Rom
gehört: Der päpstliche Legat Faustinus brachte in Karthago
die volle Übereinstimmung Roms zu dieser Frage zum Ausdruck. Rom hatte schon unter Papst Siricius ein Schreiben an
die Bischöfe Afrikas gesandt, in dem ihnen die Beschlüsse der
römischen Synode vom Jahre 386 bekannt gegeben wurden, in
denen einige wichtige apostolische Bestimmungen, die in
Vergessenheit geraten waren, erneut eingeschärft wurden.
Dieser Brief wurde auf dem Konzil von Thelepte vom Jahre
418 (Conc. Thelense?) vorgelesen. Der letzte Teil (c.9) handelt von der Klerikerenthaltsamkeit.[13]

Damit kommen wir zu einer zweiten Gruppe von Zeugnissen
zu unserer Frage, die wohl das größte Gewicht nicht nur für
das Traditionsbewußtsein der Gesamtkirche, sondern auch für
die weitere Entwicklung und Bewahrung des Klerikerzölibats
haben: die Zeugnisse und Bestimmungen der Päpste. Ein
allgemeines Zeugnis für diese Bedeutsamkeit der Stellung
Roms zu jeder, also auch zu unserer Frage stammt von
Irenäus, der als Schüler des hl. Polycarp mit der johannäischen
Tradition in Verbindung stand und als Bischof von Lyon seit
178 dieselbe auch der Kirche Europas übermittelte. Wenn er
in seinem Hauptwerk „Gegen die Häresien" sagt, daß die

apostolische Tradition in der von den Aposteln Petrus und Paulus gegründeten römischen Kirche bewahrt sei, weswegen alle anderen Kirchen mit ihr übereinstimmen müßten,[14] so gilt das wohl auch für die Tradition der Klerikerenthaltsamkeit.

Dazu haben wir die ersten ausdrücklichen Zeugnisse von den beiden Päpsten Siricius und Innozenz I.

An den Vorgänger des ersteren, Papst Damasus, hatte der Bischof Himerius von Tarragona Fragen gerichtet, die erst sein Nachfolger, eben Siricius, beantwortete. Zur Frage der Enthaltsamkeitspflicht der höheren Kleriker gibt der Papst im Schreiben vom Jahre 385 („Directa")[15] den Bescheid, daß die vielen Priester und Diakone, die auch nach ihrer Weihe Kinder zeugen, gegen ein unaufgebbares Gesetz handeln, das die höheren Kleriker von Anfang der Kirche bindet. Ihre Berufung auf das Alte Testament, wo die Priester und Leviten die Ehe außerhalb ihrer Dienstzeit im Tempel gebrauchen durften, wird mit dem Neuen Testament widerlegt, in dem die höheren Kleriker täglich den heiligen Dienst verrichten müssen und deswegen vom Tag ihrer Weihe an ständig enthaltsam leben müßten.

Ein zweiter Brief des gleichen Papstes zur Klerikerenthaltsamkeit ist der bereits oben erwähnte Brief vom Jahre 386 an die afrikanischen Bischöfe, in dem ihnen die Beschlüsse einer römischen Bischofssynode mitgeteilt werden. Er ist für unsere Frage besonders aufschlußreich. Es heißt hier zuerst, daß es sich bei den behandelten Punkten nicht um neue Verpflichtungen handle, sondern um solche, die durch Lässigkeit und Untätigkeit einiger vernachlässigt worden seien. Sie sollten wieder beobachtet werden, da es sich ja um Bestimmungen der apostolischen Väter nach den Worten der Schrift handle: „So steht denn fest und beobachtet unsere Überlieferungen, die ihr sowohl mündlich wie schriftlich empfangen habt" (2 Thess 2, 15).

Das römische Bischofskonzil war sich also bewußt, daß auch mündliche Überlieferungen verpflichtend sind. Im Hinblick auf das göttliche Gericht müßten also alle katholischen Bischöfe die dort aufgezählten neun Vorschriften bewahren.

Die neunte Vorschrift wird eingehend ausgeführt: Die Priester und Leviten dürften mit ihren Ehefrauen keinen Umgang haben, da sie in ihrem priesterlichen Dienst täglich beansprucht würden. Der hl. Paulus habe den Korinthern geschrieben, sie sollten sich enthalten, um sich dem Gebet zu widmen. Wenn also dort sogar den Laien die Enthaltsamkeit empfohlen wird, damit sie in ihrem Gebet erhört werden, umso mehr müsse der Priester in jedem Augenblick bereit sein, in gesicherter Reinheit das Opfer darzubringen oder die Taufe zu spenden. Nach einigen anderen aszetischen Überlegungen wird hier von den 80 versammelten Bischöfen zum ersten Mal der heute noch lebendige Einwand zurückgewiesen, der aus dem Apostelwort zur Eignung für die Weihe, nämlich nur einer Frau Gemahl gewesen zu sein, die Weiterführung der Ehe begründen wollte. Das heiße nicht, daß er weiter in der Begierde zu zeugen leben könne, sondern es sei gesagt wegen der künftigen Enthaltsamkeit. Damit erfahren wir zum ersten Mal offiziell, was später immer wieder erklärt werden wird, daß nämlich das Bedürfnis einer Wiederverheiratung oder die vorausgehende Heirat mit einer Witwe keine Garantie gebe für eine tatsächliche Enthaltsamkeit nach der Weihe von seiten eines vorher Verheirateten.

Den Schluß des Schreibens bildet eine eindringliche Aufforderung zum Gehorsam diesen Verordnungen gegenüber, die von der Tradition getragen seien.[16]

Der nächste Papst, der sich eingehend mit der Klerikerenthaltsamkeit beschäftigte, war Innozenz I. (401-417). Ein diesbezügliches Schreiben, das sogar schon Damasus, dann Siricius zugeschrieben wurde, stammt aber sehr wahrscheinlich von Innozenz I. Auf eine Anfrage der Bischöfe Galliens wurde damals in einer römischen Synode eine Reihe von praktischen Fragen beraten und die Ergebnisse in dem Brief „Dominus inter" von Anfang des Jahrhunderts mitgeteilt. Die dritte der 16 Fragen betrifft die „Keuschheit und Reinheit der Priester". In der Einleitung nimmt der Papst zur Kenntnis, daß „viele Bischöfe in verschiedenen Teilkirchen in menschlicher Vermessenheit sich beeilt hätten, die Überlieferungen der Väter zu ändern und deswegen ins Dunkel der Häresie geraten seien, während sie so die Ehre bei den Menschen den Verdiensten bei Gott vorgezogen hätten". Da der Fragesteller nicht aus Neugierde, sondern zur Glaubenssicherheit von der Autorität des apostolischen Stuhles entweder das Gesetzeswissen oder die Überlieferungen zu erfahren suche, werde ihm in einfacher Sprache, aber mit sicherem Inhalt mitgeteilt, was er wissen müsse, um alle Unterschiede korrigieren zu können, die menschliche Anmaßung verursacht hat.

Zum dritten Fragepunkt heißt es dann: „In erster Linie ist festgesetzt worden bezüglich der Bischöfe, Priester und Diakone, die an den göttlichen Opfern teilnehmen müssen, durch deren Hände die Gnade der Taufe mitgeteilt und der Leib Christi dargebracht wird, daß nicht nur wir sie zur Keuschheit zwingen, sondern die göttliche Schrift, und daß ihnen auch die Väter befohlen haben, die körperliche Enthaltsamkeit zu wahren." Es folgt dann eine ausführliche Begründung dieses Gebotes vor allem aus der Heiligen Schrift, die heute nicht weniger erwägenswert ist. Zum Abschluß heißt es, daß schon auf Grund der Ehrfurcht vor der Religion den Zuwiderhandelnden das Mysterium Gottes nicht anvertraut werden dürfe.[17]

Drei weitere Briefe desselben Papstes wiederholen die Gedankengänge seines Vorgängers, zu denen er voll und ganz steht: Der Brief an Victricius von Rouen vom 15. Februar 404; der an Exuperius von Toulouse vom 20. Februar 405 und der an die Bischöfe Maximus und Severus von Calabrien, dessen Datierung unsicher ist.[18]

Wichtig ist, daß hier überall gegen Unbekehrbare die Sanktion verlangt wird: Sie müssen aus dem Klerikerdienst entfernt werden.

Die folgenden Päpste setzten sich auch weiterhin für die strikte Beobachtung der überkommenen Klerikerenthaltsamkeit ein. Es genügen die Zeugnisse der zwei bedeutendsten der folgenden Jahrhunderte:

Leo der Große schreibt darüber im Jahre 456 an den Bischof Rusticus von Narbonne: „Das Gesetz der Enthaltsamkeit ist das gleiche für die Altardiener (Diakone) wie für die Bischöfe und Priester. Als sie noch Laien waren oder Lektoren, konnten sie erlaubterweise heiraten und Kinder zeugen. Sobald sie aber zu den genannten Graden aufstiegen, begann für sie nicht mehr erlaubt zu sein, was früher erlaubt war. Damit daher aus der fleischlichen eine geistige Ehe werde, ist es notwendig, daß sie die Ehefrauen zwar nicht entlassen, sie aber so haben, als ob sie keine hätten, damit so die eheliche Liebe bewahrt bleibe aber zugleich auch der Gebrauch der Ehe aufhöre."[19]

Damit bekräftigt er aber auch einen anderen damit zusammenhängenden Punkt, der in der vorausgehenden Gesetzgebung immer eigens erwähnt wird, daß nämlich die Ehefrauen der höheren Kleriker nach deren Weihe von der Kirche ver-

dringlicher durch geschriebene Gesetze oder Anordnungen vorgingen. Da diese Bestimmungen nirgends als Neuerungen, vielmehr immer wieder als auf die Anfänge zurückgehend bezeugt werden, sind wir auf Grund der für die Rechtsentwicklung auch in der Kirche anzuwendenden Methode nicht nur berechtigt, sondern sogar verpflichtet, das was jetzt als geschriebenes Gesetz erscheint, als vorher verpflichtendes mündliches Traditionsgut anzusehen. Wer auf dem Gegenteil bestehen möchte, würde sich nicht nur gegen die zwingende wissenschaftliche Methode verfehlen, sondern alle die einhelligen Zeugen, die wir gehört haben, der Lüge zeihen, da ihnen Unkenntnis nicht zugeschrieben werden kann.

Auf dieser gesicherten Grundlage der Praxis der alten Kirche können wir nun die Entwicklung der späteren Jahrhunderte vorerst im Westen weiterverfolgen.

Es besteht kein Zweifel daran, daß auch in den folgenden Jahrhunderten noch viele Altardiener aus vorher Verheirateten rekrutiert wurden. Die zahlreichen Konzilien in Spanien und in Gallien bezeugen das insofern, als ohne Unterbrechung immer wieder die Enthaltsamkeitspflicht für solche Kleriker wiederholt und eingeschärft wird.[30] Die Sanktionen werden zwar öfters gemildert, so wenn z.b. auf dem Konzil von Tours im Jahre 461 nicht mehr die Exkommunikation auf Lebenszeit für renitente Zuwiderhandelnde, sondern nur mehr der Ausschluß vom kirchlichen Dienst verhängt wird.[31]

Andererseits tritt aber immer mehr das Bestreben der Kirche in den Vordergrund, unverheiratete Kandidaten für die höheren Weihen heranzubilden und die Verheirateten immer mehr zurückzudrängen, denn die Erfahrung hat die permanente Gefahr der Nichteinhaltung der übernommenen Verpflichtung an den Tag gelegt.

31

Eine andere Bestimmung, die immer wieder erneuert und eingeschärft wird, ist das Verbot des Zusammenwohnens für jede Art von höheren Klerikern mit Frauen, die keine Sicherheit für Enthaltsamkeit garantierten.

Sehr bezeichnend für die Gesamtbeurteilung der Zölibatsdisziplin im mittelalterlichen Europa sind die diesbezüglichen Bestimmungen der Inselkirche. Die Poenitentialbücher, die Leben und Disziplin dieser in vielem eigenartigen Kirche widerspiegeln, enthalten die gleichen Verpflichtungen auch des vorher verheirateten höheren Insularklerus. Wer von ihnen weiteren Verkehr mit der früheren Ehefrau pflegte, wurde allgemein als des Ehebruches schuldig erachtet und entsprechend bestraft.[32] Wenn diese schweren Verpflichtungen auch in der Inselkirche, von deren rauhen Sitten uns die Bußbücher ein lebendiges Zeugnis geben, verlangt und durchgestanden wurden, ist das das beste Zeugnis, daß das nur auf Grund einer alten ehrwürdigen Tradition, die von niemand angezweifelt wurde, möglich war.

Neben den allgemeinen ordentlichen Gefahren, die die Klerikerenthaltsamkeit immer und überall bedrohten, gab es in der Kirchengeschichte Zeiten und Gegenden, in denen außerordentliche Gefahren auftauchten, die die kirchlichen Obrigkeiten in ganz besonderer Weise herausforderten. Derartige Schwierigkeiten brachten immer wieder weiterverbreitete Irrlehren mit sich. Ein Beispiel ist der Arianismus der Westgoten, auch nach ihrer Bekehrung im spanischen Westgotenreich. Die Konzile von Toledo III (569) und Zaragossa II (592) enthalten ausdrückliche diesbezügliche Normen für die aus dem Arianismus kommenden Kleriker.[33]

Eine der schwersten Krisen hatte die Klerikerenthaltsamkeit in all den Gebieten der katholischen Westkirche durchzuste-

hen, die von den Mißständen betroffen waren, die die wohl-
bekannte Gregorianische Reform im 11. und 12. Jahrhundert
herausforderten. Es waren das die Gebiete Europas, in denen
mehr oder weniger stark das kirchliche Benefizialwesen ein-
gedrungen war, das das öffentliche und auch das private
Leben von Kirche und kirchlicher Gesellschaft weithin be-
herrschte.

Das Benefizialgut, das mit allen, den höheren und auch den
niedrigeren Ämtern verbunden war, machte den Amts-, d.h.
auch Benefiziumsinhaber weithin wirtschaftlich und deswegen auch beruflich unabhängig, da auch das Amt, das dem
Benefizium folgte, ebenso wie dieses nur sehr schwer oder
überhaupt nicht mehr entzogen werden konnte. Der Benefi-
zium-Amtsverleih – oft durch dazu berechtigte Laien (Eigen-
kirchenwesen im engeren und weiteren Sinn) – brachte sehr
oft für den geistlichen Dienst unvorbereitete oder unwürdige
Kandidaten in die kirchlichen Ämter von Bischöfen, Äbten
und Pfarrgeistlichen. Der Ämterverleih durch mächtige Lai-
en, die dabei mehr ihre weltlichen Interessen als die der Kirche
im Auge hatten, brachte die beiden anderen Grundübel des
damaligen kirchlichen Lebens mit sich: den Ämterkauf oder
Simonie und den Nikolaismus oder die weitreichende Verlet-
zung des Klerikerzölibats.

Nach fruchtlosen Regionalreformen nahmen sich europa-
weit die Päpste dieser Notsituation der Kirche an, und es
gelang ihnen – vor allem durch den entscheidenden Einsatz
Gregors VII. –, dieser schweren Gefahr Herr zu werden, die
alle höheren Grade der Kleriker in Mitleidenschaft gezogen
hatte.[34]

So wurde gerade diese Gefahr ein Anstoß, nicht nur die alte
Enthaltsamkeitsdisziplin wiederherzustellen, sondern ihr auch

durch eine bessere Auswahl und Bildung, vor allem durch die immer mehr zurückgedrängte Aufnahme von verheirateten Kandidaten in wesentlicher Weise Herr zu werden und zur allgemeinen Beobachtung dieser Verpflichtung zurückzukehren.

Eine weitere wichtige Folge dieser Reform ist die Bestimmung, die im zweiten Laterankonzil (1139) feierlich ausgesprochen wurde, daß die von den höheren Klerikern geschlossenen Ehen ebenso wie die der Ordensleute (mit feierlichen Gelübden) nicht nur wie bisher unerlaubt, sondern auch ungültig sind.[35] Das hat zu dem heute noch vielfach verbreiteten Mißverständnis den Anlaß gegeben, daß der Zölibat der höheren Kleriker erst vom zweiten Laterankonzil eingeführt worden sei. In Wirklichkeit wurde nur die gegen das längst bestehende Verbot geschlossene Ehe für ungültig erklärt.

Fast um die gleiche Zeit begann die Wissenschaft des Kirchenrechts ihr Leben und ihre Tätigkeit. Der Camaldulensermönch Gratian verfaßte in Bologna um 1142 seine „Concordia discordantium canonum", später einfach Decretum Gratiani genannt, in dem er das gesamte Rechtsmaterial des ersten Jahrtausends der Kirche gesammelt und die verschiedenen Normen miteinander in Einklang gebracht oder wenigstens zu bringen versucht hat. Mit ihm erstand die mit der römisch-rechtlichen Schule parallel laufende Kirchenrechtsschule der Glossatoren, d.h. der Erklärer der kirchlichen Rechtssammlungen und ihrer Gesetzestexte.[36]

Im Gratianischen Dekret wird natürlich auch die Frage und die Verpflichtung der Klerikerenthaltsamkeit behandelt und zwar in den Distinctionen 26 - 34 und nochmals 81 - 84. Das Gleiche geschieht auch in den weiteren Teilen des „Corpus Iuris Canonici" bei den entsprechenden Gesetzesbestimmungen. Um die Erklärungen der Kanonisten zu diesen Gesetzen recht verstehen zu können, müssen wir einmal bedenken, daß sie, ebensowenig wie ihre römisch-rechtlichen Kollegen, keine rechtshistorischen Erkenntnisse entwickelt haben, was erst im Gefolge der Schule der Culti, d.h. der humanistischen Rechtsschule vom 16. Jahrhundert an, geschah. Wir dürfen uns deswegen nicht wundern, wenn die Glossatoren, d.h. die klassische Rechtsschule auch der Kanonistik keine eigentliche Quellen- und Textkritik kannte.

Für unser Thema ist diese Erkenntnis insofern wichtig, als wir bei Gratian sofort auf die Tatsache stoßen, daß er in der Zölibatsfrage die historische Fabel von Paphnutius im Konzil von Nicäa als gegebene Tatsache hinnimmt und sie, zusammen mit dem can.13 des Trullanum II, als Hauptgrund des Unterschiedes der Zölibatspraxis zwischen West- und Ostkirche kritiklos annimmt. Während sie für die lateinische Kirche keinen Berechtigungsgrund darstellt, wird sie für ihn und für die klassische Kirchenrechtsschule die Hauptursache der andersgearteten Verpflichtung zur Enthaltsamkeit des ostkirchlichen höheren Klerus. Wir werden auf diesen Unterschied bei der Behandlung der Zölibatsgeschichte der Ostkirche zurückkommen. Gerade wegen der kritischen Unbekümmertheit machen die bereits auch im Westen vorhandenen Zweifel und sogar die von Gregor VII. und anderen Reformern in seiner Gefolgschaft, besonders von Bernold von Konstanz (+1100), erkannte Fälschung auf die Schule keinen entscheidenden Eindruck. Dazu kommt, daß die klassische Kanonistik auch die Beschlüsse des Trullanischen Konzils in Konstantinopel vom Jahre 691 als für die Ostkirche vollgültig anerkennt, in dem eben die von der abendländischen verschiedene Enthaltsamkeitsdisziplin der byzantinischen Kirche und

der von ihr abhängigen späteren Obödienzen festgelegt wurde.

Da aber die alten Dokumente wohl bekannt waren – und zwar Konzilstexte der Universal-, Ost- und Westkirche (so vor allem die afrikanischen Bestimmungen, nicht aber die von Elvira), die Papstbriefe, die Schriften der Väter vor allem des Westens –, bestand für die mittelalterlichen Kanonisten kein Zweifel an der verpflichtenden Disziplin der Westkirche. Sie stimmten im allgemeinen darin überein, daß das Heiratsverbot für die höheren Kleriker auf die Apostel, auf ihr Beispiel, aber auch auf ihre Verfügung zurückgeht. Das Verbot des Vollzugs einer vor der Weihe geschlossenen Ehe führten einige auf die Apostel, andere auf spätere gesetzliche Verfügungen zurück, vor allem auf die der Päpste von Siricius angefangen. Worauf sich dieses Verbot allerdings stützt, wurde von ihnen sehr eingehend, aber mit z.T. entgegengesetzten Begründungen zu erklären versucht. Einige beriefen sich auf ein *votum* entweder *expressum* oder *tacitum* oder *ordini adnexum, solemnizatum.* Der Schwierigkeit gegenüber, daß niemand einer Person ein *votum* auferlegen könne, findet man die Lösung, daß es nicht der Person, sondern als Bedingung für den Zutritt zum Amt gestellt werde, was der Kirche ja zweifellos möglich sei.

Die Lehrmeinung, von der man sich am leichtesten überzeugen lassen kann, ist die, daß diese Verfügung durch ein Gesetz – vor allem von den Päpsten – mit dem *ordo sacer* verbunden werden kann und tatsächlich verbunden wurde: für die Bischöfe, Priester und Diakone schon von den ersten Konzilien und Päpsten; für die Subdiakone erst endgültig von Papst Gregor dem Großen. Von keinem der Kanonisten wurde aber in Zweifel gezogen, daß diese Verpflichtung seit ihrer Einführung uneingeschränkt gilt. Besonders hingewiesen sei auf die Tatsache, daß einige Glossatoren ausdrücklich auf die auch rein gewohnheitsrechtlichen Normen als Verbindlichkeitsquelle für die Klerikerenthaltsamkeit verweisen, die bereits vor deren gesetzlichen Festlegung vorhanden waren, und daß eine Dispens von einer aus dem *Votum* entstehenden Verpflichtung auch durch den Papst nicht möglich sei. Deswegen entscheiden sich viele für die Gesetztheorie, weil von einem allgemeinen Gesetz der Papst dispensieren könne. Viele Glossatoren sind aber der Meinung, daß eine solche Dispens nur in einzelnen Fällen gewährt werden könne, nicht aber für alle, weil das der Abschaffung einer Verpflichtung gegen den *status ecclesiae* gleichkomme, was auch der Papst nicht könne.[37]

Es sollen aber hier doch einige wichtige Texte zu unserem Thema angeführt werden, weil sie gewissermaßen als Zusammenfassung der Lehrmeinungen der Glossatoren angesehen werden können. Sie stammen vom hl. Raymund von Peñafort, der auch den „Liber Extra" des Papstes Gregor IX. zusammengestellt hat. Er kann also nicht nur als Vertrauensmann des Papstes, sondern auch als qualifizierter Vertreter der damaligen Wissenschaft des Kirchenrechts angesehen werden.

So sagt der hl. Raymund zu Inhalt und Ursprung der Enthaltsamkeitsverpflichtung vorher verheirateter Männer: „Von den Bischöfen, Priestern und Diakonen muß Enthaltsamkeit beobachtet werden, auch mit ihren Ehefrauen. Das haben die Apostel gelehrt durch ihr Beispiel und auch durch die Anordnung, wie einige sagen, nach deren Meinung das ‚gelehrt haben' (Dist. 84, c.3) auf verschiedene Weise ausgelegt wird. Das wurde nachher erneuert im Konzil von Karthago, wie in der vorzitierten Anordnung „cum in praeterito" und vom Papst Siricius".[38] Nach allen anderen Zusammenfassungen kommt er zu den Gründen der Einführung dieser Verpflichtung: „Der Grund war ein doppelter: einmal die priesterliche Reinheit, daß sie nämlich so in aller Aufrichtigkeit erlangen können, was sie durch ihr Gebet von Gott erbitten: Dist. 84, c.3 und dict.p.c.1, Dist. 31. Der andere Grund ist, daß sie ungehinderter beten können (1 Kor 7,5) und ihr Amt auszuüben vermögen. Sie können nämlich nicht beides zugleich tun, d.h. der Ehefrau und der Kirche dienen."[39]

Das andauernde Opferleben einer so schweren Verpflichtung kann nur aus einem lebendigen Glauben heraus gelebt werden, da die menschliche Schwäche sich immer von neuem meldet. Die übernatürliche Begründung kann nur aus einem solch ständig bewußt gelebten Glauben verständlich erhalten werden. Wo der Glaube nachläßt, läßt auch die Widerstandskraft nach, wo der Glaube stirbt, stirbt auch die Enthaltsamkeit.

Einen immer neuen Beweis dafür liefern alle aufeinanderfolgenden häretischen und schismatischen Bewegungen in der Kirche. Eines der ersten Anzeichen solcher Bewegungen ist immer die Aufgabe der Klerikerenthaltsamkeit. Deswegen kann es nicht verwundern, wenn auch bei den großen Häresien und Abfallsbewegungen von der Kirche des 16. Jahrhunderts, bei den Protestanten, Calvinisten, Zwinglianern und Anglikanern sofort der Zölibat aufgegeben wurde. Die Reformbemühungen des Konzils von Trient für den rechten Glauben und die gute Disziplin in der katholischen Kirche mußte sich also in ganz logischer Weise auch mit den Angriffen auf die Klerikerenthaltsamkeit beschäftigen.

Man weiß aus der Geschichte dieses Konzils bereits genau, daß sich vor allem Kaiser, Könige und Fürsten, aber auch Kreise in der Kirche selbst für die allgemeine Erleichterung oder um die Dispens von dieser Verpflichtung einsetzten in der guten Absicht, von der Kirche abgefallene Kleriker zurückzugewinnen, ja der Versöhnung mit den Abfallsbewegungen entgegenzukommen. Eine von den Päpsten eingesetzte Kommission entschied aber auf Grund der gesamten Tradition für die kompromißlose Beibehaltung der Enthaltsamkeitsverpflichtung: die Kirche könne auf eine vom Anfang an geltende und immer wieder erneuerte Verpflichtung nicht verzichten.[40]

Aus pastoralen Gründen gab es für Deutschland und England die Sonderermächtigung, daß Priester nach der Aufgabe jeder Ehegemeinschaft absolviert und in ihrem Dienst in der Kirche wieder integriert werden konnten. Im Weigerungsfalle konnte die Ungültigkeit der Ehe saniert werden. Die Priester blieben dann aber immer von jedem priesterlichen Dienst ausgeschlossen.[41]

Bemerkenswert ist außerdem, daß die Väter des Konzils nicht nur alle diesbezüglichen Verpflichtungen erneuerten, sondern sich auch weigerten, das Zölibatsgesetz der lateinischen Kirche als ein reines Kirchengesetz zu erklären[42], wie sie sich ja auch geweigert hatten, die Jungfrau Maria in das allgemeine Gesetz der Erbsünde einzuschließen.

Die grundlegende Bestimmung des Konzils von Trient zur Bewahrung und Förderung des Klerikerzölibats ist aber die Gründung der Priesterseminare, die vom bekannten can.18 der Sessio XXIII beschlossen und allen Diözesen auferlegt wurde. In ihnen sollten junge Menschen für den Priesterberuf ausgewählt, ausgebildet und gefestigt werden.[43] Diese providentielle Bestimmung, die nach und nach überall in die Tat umgesetzt wurde, hat der Kirche so viele unverheiratete Kandidaten für die höheren Grade des Weihepriestertums angeboten, daß von da an endgültig auf verheiratete verzichtet werden konnte, was ja auch ein Wunsch des Tridentinums oder vieler ihrer Väter gewesen war.[44]

Seither wird der bisherige Zölibatsbegriff, der für den Geweihten sowohl die Pflicht der Enthaltsamkeit vom Vollzug einer vorher geschlossenen Ehe als auch das Verbot jeder späteren Heirat einschloß, im Bewußtsein der Gläubigen auf das letztere Verbot eingeschränkt, so daß man heute allgemein unter Priesterzölibat nur das Verbot einer späteren Heirat versteht.

Die Kirche hat auch in den folgenden schweren Zeiten immer an der Zölibatstradition festgehalten. Selbst in der schweren Krisensituation, die unter dem Klerus der französischen Kirche während der Revolution vom Ende des 18. und Anfang des 19. Jahrhunderts hervorgerufen wurde. Auch hier wurde wieder die Praxis des 16. Jahrhunderts erneuert: Die während der Revolution verheirateten Priester wurden vor die Wahl gestellt, entweder die ungültige Ehe aufzugeben, wonach sie in den kirchlichen Dienst wiederaufgenommen werden konnten, oder durch eine Dispens die Ehe zu sanieren, wobei sie aber auf jeden kirchlichen Dienst für immer verzichten mußten, was ja schon das erste geschriebene Gesetz von Elvira verlangt hatte.

Die Kirche widersetzte sich auch allen anderen derartigen Versuchen, die sich für die Abschaffung des Klerikerzölibats einsetzten, wie etwa den baden-württembergischen Bestrebungen unter Gregor XVI.[45], oder der Jednota-Bewegung in Böhmen unter Benedikt XV.[46]

Bezeichnend ist wieder die sofortige Aufhebung des Zölibats bei den Altkatholiken nach dem ersten Vatikanischen Konzil. Nicht weniger klar ist der Widerstand der Kirche gegen die

nach dem zweiten Vatikanischen Konzil immer wieder erneuerten Versuche, verheiratete Männer zu Priestern zu weihen
ohne Aufgabe des Eheverkehrs oder die Priesterehe zu erlau-
ben.

III. Die Praxis in der Ostkirche

Man hat der lateinischen Kirche öfter vorgeworfen, sie sei gegenüber einer vom Anfang an freizügigeren Haltung der Klerikerenthaltsamkeit immer enger und strenger geworden, und führt zum Beweis für diese Behauptung die Praxis in der Ostkirche an, die die ursprüngliche Gesamthaltung der Urkirche weiter bewahrt habe. Deswegen könne und solle auch die lateinische Kirche angesichts der schweren Belastung, die der Zölibat für die pastorale Situation in der Gesamtkirche von heute darstellt, auch wieder zur Urpraxis zurückkehren.

Die Antwort auf diese Behauptung und den damit verbundenen Vorschlag hängt mit der Richtigkeit oder Falschheit der behaupteten Tatsachenlage in der Urkirche zusammen. Der oben dargelegte geschichtliche Befund der westkirchlichen Zölibatspraxis läßt an dieser vorgegebenen Richtigkeit berechtigte Zweifel aufkommen. Wir müssen deswegen zu einer Klärung der Zölibatsentwicklung in der Ostkirche kommen, was in diesem dritten Abschnitt versucht werden soll.

Gustav Bickell hat sich bei seinem Eintreten für den apostolischen Ursprung des Zölibats vor allem auf orientalische Zeugnisse berufen. Wir wollen nun bei der Zölibatsgeschichte des Ostens nicht auf alle diese Zeugnisse eingehen.[47] Aus dem bereits Gesagten und dem, was hier noch gesagt werden soll, dürfte ein annehmbares Bild der tatsächlichen Situation entstehen.

Ein wichtiger Zeuge ist der Bischof Epiphanius von Salamis, später Constantia genannt, auf der Insel Zypern (315-403). Er ist bekannt als Kenner und Verfechter der Orthodoxie und der Tradition der Kirche, die er in seinem 88 Jahre dauernden Leben, das sich fast im ganzen 4. Jahrhundert abspielte, wohl gut kennen konnte. Wenn er auch in mancher Hinsicht – vor allem im Kampf um Ideen, wie etwa in der Origenesfrage – gelegentlich einen blinden Eifer zeigte, ist sein Zeugnis über Fakten und Zustände seiner Zeit, vor allem in der Disziplin der Kirche, nicht leicht anzuzweifeln.

Was nun die Enthaltsamkeit der höheren Kleriker anbelangt, gibt Bischof Epiphanius uns einen typischen Tatsachenbericht: In seinem Hauptwerk „Panarion" aus der 2. Hälfte des 4. Jahrhunderts sagt er, daß Gott der Welt das Charisma des neuen Priestertums durch Menschen aufzeigte, die auf den Gebrauch der einmal vor der Weihe geschlossenen Ehe verzichtet haben oder schon immer jungfräulich gelebt hatten. Das sei die von den Aposteln in Weisheit und Heiligkeit festgesetzte Norm.[48] Noch wichtiger aber ist seine Feststellung, die er in der zum Hauptwerk angehängten „Expositio fidei" macht, daß nämlich die Kirche zum Bischofs- und Priesteramt sowie zum Diakonat nur diejenigen zuläßt, die auf ihre Ehefrau in Enthaltsamkeit verzichten oder die Witwer geworden sind. So wenigstens, fährt er fort, handle man dort, wo die Vorschriften der Kirche exakt eingehalten worden sind. Man könne dennoch feststellen, daß an verschiedenen Orten Priester, Diakone und Subdiakone weiterhin Kinder zeugen. Das geschehe aber nicht in Übereinstimmung mit der Norm, sondern sei eine Folge der menschlichen Schwäche, die immer dem Leichteren folge. Und später erklärt er nochmals, daß man die Priester hauptsächlich von denen aussuche, die unverheiratet oder Mönche sind. Wenn man unter ihnen nicht genügend Kandidaten finde, würden sie auch aus den Verheirateten genommen, die aber auf den Gebrauch der Ehe verzichtet haben oder nach ihrer einzigen Ehe Witwer geworden sind.[49]

Diese Äußerungen einer Persönlichkeit, die als Kenner vieler Sprachen im ersten Jahrhundert der Freiheit der Kirche viel im Vorderen, schon von vielen Lehrmeinungen zerrissenen Orient herumreiste, sind ein sicheres Zeugnis sowohl für die allgemeine Norm wie auch für die Tatsachenlage der Zölibatspraxis in der Ostkirche.

Ein zweiter Zeuge ist uns bereits bekannt: Der hl. Hieronymus ist in Vorderasien um 379 zum Priester geweiht worden und hat sich dann durch sechs Jahre mit Kirchenmännern, mit Mönchsgemeinschaften, mit Lehrmeinungen und der Disziplin im Orient bekannt gemacht. Nach einem dreijährigen Aufenthalt in Rom reiste er über Ägypten wieder nach Palästina, wo er bis zu seinem Tod um 420 verblieb. Er nahm immer regen Anteil am gesamtkirchlichen Leben, wozu ihn seine Bekanntschaft mit vielen bedeutenden Zeitgenossen in Ost und West und seine großen Sprachkenntnisse in außerordentlicher Weise befähigten.

Seine Aussagen zur Klerikerenthaltsamkeit sind bereits oben angeführt worden. Hier sei nochmals auf seine Schrift „Adversus Vigilantium" verwiesen, in der er gegen südfranzösische Priester und ihre Mißachtung des Zölibats auf die Praxis der Kirchen des Orients, Ägyptens und des Apostolischen Stuhles verwies, die alle nur die Kleriker annehmen, die jungfräulich, enthaltsam und, wenn sie verheiratet, im Verzicht auf den Eheverkehr leben.[26] Hier wird also die offizielle Haltung auch der Ostkirche als ein Bekenntnis zur Klerikerenthaltsamkeit bezeugt.

Was die Synodalgesetzgebung der Ostkirche anbelangt, so geben uns die vornicänischen Regionalkonzilien von Ancyra und Neocäsarea und das nachnicänische von Gangra wohl Zeugnisse von verheirateten höheren Klerikern, aber keine sichere Nachricht über ein erlaubtes, nicht enthaltsames Leben nach der Weihe, das über Ausnahmen hinausgeht.[50] Die Partikularsynoden der verschiedenen schismatischen Kirchen des Ostens, die sich im Laufe der christologischen Auseinandersetzungen herausgebildet haben und wo in der Klerikerdisziplin Abweichungen von der Enthaltsamkeit bezeugt sind, sind eher Zeugnisse für die entgegengesetzte offizielle Haltung der Orthodoxie.

Das Konzil, das uns aber zu unserer Frage eingehender beschäftigen muß, ist das erste ökumenische von Nicäa des Jahres 325.

Die einzige Bestimmung zum Klerikerzölibat dieser ersten allgemeinen Synode der Gesamtkirche ist der can.3, der es den Bischöfen, Priestern, Diakonen und überhaupt allen Klerikern verbietet, bei sich im Hause verstohlen eingeführte Frauen zu haben. Eine Ausnahme machen nur die Mutter, Schwester und Tante sowie andere über jeden Verdacht erhabene Personen.[51] Unter den erlaubten Frauen scheint keine frühere Ehefrau auf. Soll das heißen, daß bei den Vätern des Konzils die Überzeugung der Enthaltsamkeitspflicht lebendig war, auch weil an erster Stelle der vom Verbot betroffenen Klerikern der Bischof steht, für den immer auch in der Ostkirche die Enthaltsamkeit vom Gebrauch einer früheren Ehe galt und bis heute noch gilt?

Für eine gegenteilige Haltung, wenigstens Priestern, Diakonen und Subdiakonen gegenüber, spricht ein Bericht über einen Eremiten und ägyptischen Wüstenbischof mit Namen Paphnutius, der im Konzil aufgestanden sein soll, um den Vätern von einem allgemeinen Enthaltsamkeitsgebot abzuraten. Man solle das der freiwilligen Entscheidung der Teilkirchen überlassen. Der Rat sei vom Konzil angenommen und gebilligt worden.

Während der bekannte Kirchengeschichtsschreiber Eusebius von Cäsarea, der beim Konzil anwesend war und auch den Arianern nahestand, von dieser Begebenheit nichts weiß, hören wir zum ersten Mal von ihr über 100 Jahre nach dem Konzil von den beiden byzantinischen Kirchenschriftstellern Sokrates und Sozomenos. Als seine Quelle gibt Sokrates einen sehr alten Mann an, der auf dem Konzil anwesend gewesen sei und ihm davon erzählt habe. Wenn man bedenkt, daß der um 380 geborene Sokrates die Erzählung als Kind von einem, der im Jahre 325 auch nicht viel mehr als ein Kind gewesen sein konnte und sicher nicht als sachbewußter Zeuge auf dem Konzil in Frage kam, gehört hat, muß schon die elementarste Quellenkritik Zweifel an der Echtheit des Berichtes anmelden.

Diese sind auch schon früh und dann immer wieder ausgesprochen worden. Im Westen schon von Gregor VII. und Bernold von Konstanz, wie schon oben berichtet. In der Neuzeit verdient der Kommentar des Herausgebers der Werke des Sokrates und Sozomenos, Valesius (1668), den Migne in seiner „Patrologia Graeca" abdruckte (Bd. 67), zu dem Bericht Aufmerksamkeit. Er sagt nämlich ausdrücklich, daß die Geschichte des Paphnutius suspekt sei, weil unter den ägyptischen Vätern des Konzils nie ein Paphnutius aufscheine. Zur entsprechenden Stelle bei Sozomenos sagt er wieder, daß die Geschichte des Paphnutius eine erfundene Fabel sei, vor allem, weil unter den Vätern, die die nicänischen Konzilsakten unterschrieben hätten, keiner mit einem solchen Namen aufscheine.[52] In der lateinischen Übersetzung des Cassiodorus-Epiphanius („Historia Tripartita") wird von der Episode nur ein Auszug von 16 Zeilen aus Sozomenos gebracht.[53]

In jüngster Zeit ist der deutsche Wissenschaftler Friedhelm

Winkelmann der Sache nachgegangen und kommt zu dem wohl endgültigen Schluß, daß es sich um eine erfundene Begebenheit handle, weil: die Person des Paphnutius erst später herausgearbeitet wurde, sein Name erst in späteren Handschriften der Akten erscheint, Handschriften des 4. Jahrhunderts ihn nur als Glaubensbekenner aufführen und erst spätere hagiographische Legenden ihn als Wundertäter und Teilnehmer am Konzil von Nicäa aufbauen.[54]

Das überzeugendste Argument gegen die Echtheit der Erzählung scheint aber die Tatsache zu sein, daß gerade in der Ostkirche, die doch das größte Interesse daran gehabt hätte, entweder keine Kenntnis davon vorhanden war oder daß man nirgends einen Gebrauch davon machte, eben weil man von der Unechtheit überzeugt war. Weder in den polemischen Schriften zum Klerikerzölibat noch in den großen Kommentaren des 12. Jahrhunderts zum „Syntagma canonum adauctum", d.h. zum großen, auf das Trullanum zurückgehenden Gesetzbuch der Ostkirche (Aristenus, Zonaras, Balsamon), wird jemals die Paphnutiusgeschichte erwähnt und gebraucht, obwohl das noch viel einfacher gewesen wäre als zu einer Fälschung Zuflucht zu nehmen, wie wir gleich sehen werden. Erst im 14. Jahrhundert scheint sie im „Syntagma Alphabeticum" des Matthaeus Blastares auf, der sie wahrscheinlich erst über das Dekret Gratians als für den Orient bemerkenswert angesehen haben dürfte. Im Westen hatte man die Begebenheit völlig unkritisch, wenigstens von seiten der Kanonistik, übernommen, die darauf auch die Anerkennung der ostkirchlichen Sonderdisziplin stützte.[55] Trotz alledem hat sich das Trullanum bei der offiziellen Festlegung des für die Ostkirche von da an geltenden Zölibats nicht auf Paphnutius bezogen.

Mit diesem Hinweis kommen wir bereits zum Zentralpunkt der Geschichte des Klerikerzölibats in der byzantinischen Kirche und in den von ihr abhängigen Teilkirchen der östlichen Riten.

Einige Vorbemerkungen können zum rechten Verständnis desselben behilflich sein. Wir haben in der gesamten Zölibatsgeschichte immer wieder feststellen müssen, daß eine so schwere Verpflichtung ständig der menschlichen Schwäche ihren Tribut zahlen mußte. Der hl. Ambrosius von Mailand ist schon dafür Zeuge, wenn er sagt, daß die Praxis vor allem in abgelegenen Gegenden – er bezog sich auf den Westen – nicht immer dem Gebot entspricht. Das Gleiche hat für den Osten auch Epiphanius von Salamis gesagt. Regionalkonzilien und die Päpste haben im Westen immer wieder eingegriffen, um zur Beobachtung zurückzuführen, sie auf alle mögliche Weise zu fördern und über die Einhaltung der Verpflichtung zu wachen.

Diese ständige Sorge hat allem Anschein nach im Osten weitgehend gefehlt. Darüber legt uns die Geschichte der Synoden in jenen Gebieten ein beredtes Zeugnis ab. Ein gemeinsamer Einsatz der Gesamtkirche wird in den ökumenischen Konzilien, die im ersten Jahrtausend vor allem im Orient stattfanden, wirksam. Er bezieht sich aber hauptsächlich auf Fragen der Lehre. Für die Disziplin werden die konkreten praktisch-pastoralen Fragen den Versammlungen der Teilkirchen überlassen, die aber, vor allem auf Grund der Patriarchatsordnung (Konstantinopel, Antiochia, Alexandrien, Jerusalem) und der relativen Autonomie der Patriarchate sowie der abgespaltenen häretischen Teilkirchen, zu keinem gemeinsamen Wirken kamen, wenn sie nicht von vornherein wegen verschiedener Auffassungen unterschiedliche Normen erließen.

Es fehlte vor allem eine anerkannte und deswegen wirksame Universalautorität, die die Disziplin vereinheitlichen und die auch wirksame Kontroll- und Ausführungsmaßnahmen ergreifen konnte. Das widerspiegelt sich am besten in den Rechtssammlungen der Ostkirche. Sie enthalten die Vorschriften der allgemeinen Konzile und außerdem die der Partikularkirchen der ersten Jahrhunderte. Die Partikulargesetzgebung der folgenden Jahrhunderte fand keine Aufnahme mehr in die gemeinsame Sammlung, das „Syntagma canonum". Anstelle der hier fast ganz fehlenden päpstlichen Verordnungen (Dekretalen) wurden Auszüge aus den Schriften der orientalischen Väter und Kaisergesetze über kirchliche Materien aufgenommen. Von der Partikulardisziplin der Westkirchen hat die Ostkirche in ihre eigene Kirchenrechtssammlung nur die ihr am meisten verbundene und bekannte Afrikanische Kirche (die ja zum römischen Patriarchat gehörte) berücksichtigt, ja deren bedeutendste Sammlung, den „Codex Canonum Ecclesiae Africanae" oder den „Codex Apiarii Causae", an der sie ja auch interessiert worden war, ihrem „Syntagma" einverleibt.

Auf Grund der Stellung und des Einflusses der byzantinischen Kaiser (Caesaropapismus) bestanden sogenannte „Nomocanones", d.h. Sammlungen, in denen kirchliche und weltliche Gesetze in kirchlichen Materien zusammengefaßt wurden und für deren Beobachtung auch der Kaiser sorgte, soweit ihm die Territorien der Ostkirche noch unterstanden.

Aus dieser hier kurz beschriebenen Situation in der Ostkirche erklärt sich nun auch das Fehlen einer wirksamen Aktion gegen das unvermeidliche Nachlassen der Beobachtung der Zölibatsverpflichtung der höheren Kleriker. Während es gelang, für die Bischöfe die alte Tradition der Enthaltsamkeit auch der vorher verheirateten aufrechtzuerhalten (sie wurden ja vielfach aus den Mönchen rekrutiert), war der bei Priestern, Diakonen und Subdiakonen immer mehr eingerissene Ehegebrauch vorher Verheirateter auch nach der Weihe nicht mehr aufzuhalten, geschweige denn die Verpflichtung wiederherzustellen; d.h. man ergab sich der Tatsachenlage.

Während der „Codex Theodosianus" (438) noch zu verstehen gibt, daß die Enthaltsamkeit heil sein kann, wenn man auch der Ehefrau von früher gestattet, nach der Weihe des Ehemanns von früher bei ihm zu wohnen, da die Liebe zur Reinheit nicht gestatte, sie auf die Straße zu setzen, und ihr Benehmen vor der Weihe des Mannes sie als seiner würdig erwiesen habe,[56] so bezeugt die Kirchengesetzgebung des Kaisers Justinian im „Codex" (534) und in den Novellen (535-565) bereits eine neue Einstellung. Es wird wohl einerseits das Verbot aufrechterhalten, zur Weihe zuzulassen, wer mehr als einmal verheiratet war, und sich nach der Weihe nochmals zu verheiraten für alle Weihegrade vom Subdiakon aufwärts; aber das Zusammenwohnen mit der Ehefrau von vorher ist nun andererseits für Priester, Diakone und Subdiakone erlaubt, da sie auch die Ehe weiterführen können, wenn sie nur einmal und mit einer Jungfrau geschlossen worden war.[57]

Wie stellt sich nun dazu die Gesetzgebung der Kirche? Wie bereits erwähnt, kam man im Osten nie mehr zu einer zusammenfassenden Disziplinar-Gesetzgebung. Da auch das erste Trullanische Konzil in Konstantinopel vom Jahre 680/81 keine Disziplinarverordnungen erließ, wurde ein zweites Trullanum (Herbst 691) einberufen, auf dem man endlich die Disziplinargesetzgebung zusammenfassen und die notwendigen Ergänzungen beschließen wollte. Das geschah durch den Erlaß von 102 Kanones, die dem alten „Syntagma" hinzugefügt wurden, das so zum „Syntagma adauctum" wurde, dem letzten Gesamtkodex der byzantinischen Kirche.[58]

Die gesamte Zölibatsdisziplin wurde in 7 Kanones (can. 3,6,12,13,26,30,48) verbindlich festgelegt.

Dieses Trullanum II (oder Quinisextum) war ein Konzil der byzantinischen Kirche, von ihr einberufen, beschickt und von ihrer Autorität getragen. Von der katholischen Westkirche ist es trotz entsprechender wiederholter Bemühungen nie als Konzil anerkannt worden. Papst Sergius I. (selbst aus Syrien stammend, 687-701) verweigerte die Anerkennung. Erst Johann VIII. (ein Römer, 872-882) erkannte die Beschlüsse an, insoweit sie nicht der bisherigen römischen Praxis widersprachen. Jede weitere Bezugnahme auf die trullanischen Beschlüsse von seiten der Päpste kann wohl nur eine „Zur Kenntnisnahme" beanspruchen mit mehr oder weniger betonter Achtung derselben als Partikularrecht der Ostkirchen.

Auf welche Quellen stützen sich nun die trullanischen Beschlüsse zur bisher endgültigen Festlegung der byzantinischen Zölibatsmaterie?

Um diese Frage beantworten zu können, müssen wir erst die einzelnen Bestimmungen ins Auge fassen:

can. 3 bestimmt, daß alle, die nach der Taufe ein zweites Mal verheiratet waren oder im Konkubinat lebten ebenso wie diejenigen, die eine Witwe, eine Geschiedene, eine Prostituierte, eine Sklavin oder eine Schauspielerin geheiratet hatten, weder Bischöfe, Priester oder Diakone sein könnten.

can. 6 verfügt, daß es den Priestern und Diakonen nicht erlaubt ist, nach der Weihe eine Ehe einzugehen.

can. 12 bestimmt, daß Bischöfe nach ihrer Weihe nicht mehr mit ihren Ehefrauen zusammenwohnen, also die Ehe nicht mehr gebrauchen können.

can. 13 verordnet, daß Priester, Diakone und Subdiakone –
im Gegensatz zur römischen Praxis, die den Ehegebrauch der
Ehe verbietet – in der Ostkirche auf Grund alter apostolischer
Vorschriften für Vollkommenheit und Ordnung mit ihren
Ehefrauen zusammenleben und die Ehe gebrauchen können
mit Ausnahme der Zeit, in der sie den Altardienst versehen
und die heiligen Geheimnisse feiern und deswegen enthaltsam sein müssen. Das sei auch von den Vätern, die in Karthago
zusammengekommen waren, gesagt worden: „Priester,
Diakone und Subdiakone müssen zur Zeit des Altardienstes
enthaltsam sein, damit das, was durch die Apostel überliefert
und von altersher eingehalten wurde, auch wir selbst bewahren, indem wir die rechte Zeit für alles bestimmen, besonders
im Gebet und Fasten. Die also am göttlichen Altar Dienst tun,
müssen in der Zeit der heiligen Dienste in allem enthaltsam
sein, damit sie das empfangen können, was sie in aller Einfalt
von Gott erbitten." Wer also wagt, einen Kleriker *in sacris,*
nämlich Priester, Diakon und Subdiakon über die apostolischen
Kanones hinaus der Verbindung und Gemeinschaft mit der
legitimen Ehefrau zu berauben, soll abgesetzt werden, ebenso
wie der, welcher unter dem Vorwand der Frömmigkeit seine
Ehefrau wegschickt und darauf besteht.

can. 26 verfügt, daß ein Priester, der aus Unwissenheit eine
nicht erlaubte Ehe geschlossen hat, mit seiner ersten Stellung
sich bescheiden, aber aller Amtshandlungen als Priester sich
enthalten muß. Diese unerlaubte Ehe müsse aufgelöst werden
und jede Gemeinschaft mit dieser Ehefrau sei verboten.

can. 30 gestattet, daß die, welche in gegenseitiger Übereinstimmung enthaltsam leben wollen, was auch für die Priester
in den Ländern der Barbaren gilt (darunter sind die in der
Westkirche lebenden Priester gemeint), nicht zusammen-

wohnen bräuchten. Diese übernommene Verpflichtung sei aber eine Dispens, die den genannten Priestern nur wegen ihres Kleinmuts und der sie umgebenden Sitten gewährt werde.

can. 48 bestimmt, daß die mit gegenseitigem Einverständnis getrennte Ehefrau eines Bischofs nach dessen Weihe in ein Kloster eintreten und vom Bischof erhalten werden muß. Sie könne aber auch zur Diakonin befördert werden.

Aus diesen Konzilsbestimmungen ergibt sich nun folgendes: Der Osten kennt die Zölibatspraxis des Westens. Er beruft sich für die eigene Praxis genau so wie der Westen auf die bis auf die Apostel zurückgehende Tradition. Tatsächlich stimmt er auch mit dem Westen überein und beruft sich genau so wie dieser dafür auf Stellen der Heiligen Schrift des Neuen Testaments in folgenden Punkten: Die vor der Weihe eingegangene Ehe darf nur eine einzige sein und darf nicht mit einer Witwe stattgefunden haben oder mit anderen vom Gesetz ausgeschlossenen Frauen. Eine erste oder zweite Ehe nach der Weihe ist nicht erlaubt. Die Bischöfe dürfen nach der Weihe keine Ehegemeinschaft mehr mit der früheren Ehefrau haben. Sie müssen für immer enthaltsam leben. Deswegen dürfen auch die Frauen nicht mehr bei ihnen wohnen, müssen aber von der Kirche erhalten werden. Ja, der Osten verlangt sogar den Eintritt ins Kloster für alle.

Der Unterschied zur Praxis der Westkirche betrifft nur die Weihegrade unter dem Bischof. Für sie wird die Enthaltsamkeit vom Ehegebrauch nur für die Zeit des effektiven Altardienstes verlangt, der damals in der Ostkirche für die einzelnen Priester nicht täglich war, sondern gewöhnlich nur am Sonntag oder fallweise noch an einem oder anderen Tag der Woche. Wir haben also hier eine Rückkehr zur alttestamentlichen Praxis. Das Zusammenleben und der Ehegebrauch mit den eigenen Ehefrauen der vor der Weihe geschlossenen Ehen wird nicht nur mit großer Entschiedenheit verteidigt, sondern jede gegenteilige Einstellung mit schweren Sanktionen belegt. Die verständliche Ausnahme für die in der westlichen Kirche lebenden Priester ist eine Dispens und wird nur wegen innerem Kleinmut der Priester selbst und wegen der durch die äußeren Verhältnisse gegebenen Schwierigkeiten gewährt, unter denen offensichtlich die allgemeine Enthaltsamkeitspraxis der Westkirche einen Hauptgrund bildet.

Eine Begründung des Unterschieds zur Westkirche konnten die Väter des Trullanum II in den eigenen Dokumenten nicht finden. Auf das Alte Testament wollten sie sich wohl auch nicht beziehen, um so weniger, als in den Begründungen der Westkirche, vor allem in den päpstlichen Verordnungen zum Zölibat, diese Beziehung ausdrücklich zurückgewiesen wurde als dem Priestertum des Neuen Testaments nicht mehr entsprechend. Genausowenig wollte man sich natürlich auf die kaiserliche Gesetzgebung berufen, die, wie wir ja bereits sahen, die kirchlichen Bestimmungen angesichts der allgemein eingerissenen Praxis schon vorausgenommen hatte.

Da man sich in Konstantinopel der Unechtheit der Paphnutius-Fabel offensichtlich bewußt war, blieb nichts anderes übrig, als auf Zeugnisse des christlichen Altertums zurückzugreifen, die nicht aus der Ostkirche selbst stammten, aber doch aus einer ihr nahestehenden Kirche, deren Disziplinardokumente sogar in den Generalkodex der Ostkirchen aufgenommen worden waren. Es waren das die Kanones der Afrikanischen Kirche, die auch ausdrücklich die Klerikerenthaltsamkeit behandelten und das noch in direkter Berufung auf die Apostel und die alte Kirchentradition.

Da sie für die Bischöfe die gleichen Verordnungen enthielten, für die Priester und Diakone sowie Subdiakone aber das gerade Gegenteil aussagten, mußte der authentische Text der afrikanischen Kanones geändert werden, was um so ungefährlicher war, als ja die wenigsten im Osten noch das Latein des Urtextes verstanden. Während also dieser die vollständige Enthaltsamkeit für alle Grade der höheren Weihen verlangte, beschränkte man sie für die Regel der Ostkirche auf die Zeit des direkten Altardienstes, wie das im Alten Testament der Fall gewesen war. Man behielt aber die Berufung auf Apostel und die alte Kirche auch für den manipulierten Text bei, um ihm so die auch sonst im Orient bekannte Grundlage des Zölibats zu wahren.

Was ist nun zu diesem ganzen Vorgehen zu sagen? Die Väter des zweiten Trullanischen Konzils fühlten sich ohne Zweifel berechtigt, für die byzantinische Kirche Partikularnormen zu erlassen. Sie hatten ja immer schon auf ihre Autonomie vor allem auf dem Gebiet der Verwaltung und Disziplin bestanden und sich nur in Lehrfragen sowie bei anderweitigen Beschlüssen, die von der Gesamtkirche in den ökumenischen Konzilien, also auch unter ihrer Beteiligung gefaßt worden waren, gebunden gefühlt. Man kann also den Vätern, die für eine Festlegung der allgemein in ihrer Kirche geltenden Normen Sorge trugen, ohne Zweifel das Recht einräumen, der Tatsachenlage auch auf dem Gebiet der Klerikerenthaltsamkeit Rechnung zu tragen, der gegenüber sie keine Möglichkeit einer erfolgversprechenden Reform sahen. Ob das auf einem Gebiet, das die Gesamtkirche betraf, wie der Klerikerzölibat, im Gegensatz zu der Praxis der Westkirche unter der Leitung der römischen Päpste möglich und berechtigt war, ist eine andere Frage.

Verneinen dürfen wir dies aber wohl ohne Zweifel betreffs der Textfälschung, die die Wahrheit in das Gegenteil verkehrt.[59]

Für die katholische Kirche des Westens ist das alles aber ein weiterer Beweis, daß ihre Zölibatstradition tatsächlich auf die Apostel zurückgeht und auf dem Bewußtsein der alten Gesamtkirche aufbaut, daß sie also wahr und richtig ist.

Wir müssen uns noch fragen, was die Geschichte zu dieser Textveränderung als Grundlage der neuen endgültigen Verpflichtung in den Ostkirchen sagt. Die eigenen Erklärungen der Kanonisten der byzantinischen Kirche zu dieser Lektüre der afrikanischen Kanones vom 14. Jahrhundert ab, wie etwa die von Matthaeus Blastares, lassen darauf schließen, daß sie selbst an der Richtigkeit der Bezugnahme der trullanischen Väter zu den afrikanischen Texten zweifelten und den Originaltext kannten. Die modernen Ausleger der Zölibatsbestimmungen des Trullanums geben das auch zu, sagen aber, daß das Konzil die Autorität hatte, jedes Disziplinargesetz zu ändern und den zeitgenössischen Bedürfnissen anzugleichen. Auf Grund dieser Autorität konnte es auch den ursprünglichen Sinn der Texte von Karthago ändern, so daß sie mit Ansicht und Willen des eigenen Konzils übereinstimmten.[60]

Die Geschichtswissenschaft des Westens hat schon vom 16. Jahrhundert an auf die Textänderung des Trullanums hingewiesen. Ich nenne hier nur Caesar Baronius[61] und vor allem die Herausgeber der verschiedenen Konzilssammlungen, allen voran Giovanni Domenico Mansi[62].

Es soll noch kurz auf die Spuren der altkirchlichen Zölibatspraxis hingewiesen werden, die noch deutlich in der späteren von ihr verschiedenen trullanischen Gesetzgebung wahrzunehmen sind.

Die ständige große Besorgtheit der Kirche um die Gefahr des Zusammenwohnens der Kleriker mit Frauen, die nicht über jeden Verdacht geschlechtlichen Umgangs mit diesen Klerikern erhaben sind, die nicht nur in der ganzen abendländischen Gesetzgebung, sondern auch im 3. nicänischen Kanon und noch in den trullanischen Verordnungen zum Ausdruck kommt, läßt sich unschwer nur auf die Gesamtsorge um die Klerikerreinheit und -enthaltsamkeit zurückführen. Das Beibehalten der gleichen strengen Enthaltsamkeitsdisziplin für die Bischöfe, die in der Gesamtkirche immer gegolten hat, auch in der neuen trullanischen Disziplin, ist wie der Überrest eines alten Traditionsgutes, das in der Enthaltsamkeitsdisziplin immer die drei bzw. vier höheren Weihestufen miteinander verbunden hat.

Man versteht eigentlich nicht, warum auch in der Ostkirche immer an den Bedingungen für die einzige Ehe der für die Weihe in Frage kommenden Kandidaten festgehalten wird. Wie wir gesehen haben und noch eingehender sehen werden, haben diese Bedingungen nur Sinn im Hinblick auf die Enthaltsamkeit nach der Weihe. Außerdem ist es schwer verständlich, warum jede erste oder weitere Heirat nach der empfangenen höheren Weihe absolut verboten ist, wenn den Geweihten vom Priester abwärts der Ehegebrauch gestattet ist.

Was nun die Neuerungen des Trullanums zur Klerikerenthaltsamkeit angeht, die den neutestamentlichen Priesterbegriff auf den alttestamentlich-levitischen zurückschrauben, stehen wir vor der Frage, wie man denn an diesem festhalten konnte, sobald auch in den östlichen Riten der effektive Altardienst aller höheren Kleriker auf alle Tage ausgedehnt wurde. Damit hätte man ja auch auf Grund der Bestimmungen des Trullanums für Priester, Diakone und Subdiakone zur absoluten, ständigen Enthaltsamkeit, wie sie im Westen praktiziert wurde, zurückkehren müssen.

Das geschah aber nirgends, so daß tatsächlich der Altardienst und der Dienst des Heiligen Opfers von der Enthaltsamkeitsvorschrift abgekoppelt wurde, obwohl sie auch im Osten immer damit verbunden erachtet und als ihre innerste Begründung angesehen wurde.

In den mit der byzantinischen Obödienz verbundenen Teilkirchen hat sich seit dem Trullanum II nichts in der Zölibatsdisziplin und -praxis geändert. Den im Laufe der Zeit mit Rom unierten ostkirchlichen Gemeinschaften wurde von Rom sogar die Beibehaltung ihrer abweichenden Zölibatstraditionen gestattet. Dem Verlangen nach der Rückkehr derselben zur lateinischen Praxis der vollen Enthaltsamkeit wurde nicht nur kein Hindernis entgegengelegt, sondern sie wurde positiv aufgenommen und gefördert. Die Anerkennung der andersgearteten Disziplin erfuhr bis in die Gegenwart von den römischen Zentralbehörden eine vornehme Berücksichtigung, die aber wohl kaum als offizielle Approbation der Änderung der alten Enthaltsamkeitsdisziplin aufgefaßt werden muß.[63]

IV. Die theologischen Grundlagen

In der heutigen Zölibatsdiskussion wird immer mehr der Ruf nach einer Vertiefung der Theologie des Priestertums laut, um daraus auch den einzig richtigen und vollständigen Aspekt der Theologie des Klerikerzölibats der katholischen Kirche ableiten und bewerten zu können.[64]

Deswegen bleibt uns noch die wichtige und aktuelle Aufgabe, den Elementen der Theologie sowohl des Priestertums des Neuen Testaments als auch, darauf gestützt, der des Klerikerzölibats nachzugehen. Beide haben ihre Wurzeln in der Heiligen Schrift, als der Hauptquelle der katholischen Theologie und dann in der Tradition der Kirche, die die Schriftzeugnisse aufdeckt und auslegt.

Das Priestertum Christi ist ein tiefes Geheimnis unseres Glaubens. Um es verstehen zu können, muß der Mensch sich einer übernatürlichen Sicht öffnen, das menschliche Denken dem übermenschlichen unterwerfen. In Zeiten eines lebendigen Glaubens, der nicht nur den einzelnen Gläubigen trägt und orientiert, sondern auch das Leben der Gemeinschaft durchdringt und formt, steht der Priester-Christus als lebendiges Zentrum des persönlichen und gemeinschaftsbetonten Glaubenslebens im Bewußtsein aller.

In Zeiten des Glaubensschwundes aber verflüchtigt sich der Priester-Christus und verschwindet mehr und mehr aus dem Bewußtsein der Menschen und der Welt, ist nicht mehr das Zentrum des lebendigen Glaubenslebens.

Diesem Bewußtseinsbild des Priesters-Christus folgt immer auch das des Priesters Christi. In Zeiten des lebendigen Glaubens fällt es dem Priester nicht schwer, sich in Christus zu erkennen, sich mit ihm zu identifizieren, das Wesen seines eigenen Priestertums zu sehen und zu leben in einer innigen Verbundenheit mit ihm, im Priester-Christus, in ihm „den einzigen Ursprung" und „das unersetzliche Modell" seines eigenen Priestertums zu sehen.

In einer Atmosphäre des Rationalismus, der das Übernatürliche in der Gedankenwelt des Menschen immer mehr verdrängt, in der Zeit eines Materialismus, der das Geistige immer mehr verflüchtigt und in der daraus folgenden Verweltlichung des ganzen menschlichen Lebens, wird es für den Priester immer schwerer, sich dieser Gedankenwelt zu entziehen. Die übernatürliche und geistige Identität seines Priestertums entschwindet ihm immer mehr, wenn er sich nicht bewußt um sie bemüht, sie vertieft und in inniger Lebensgemeinschaft mit Christus lebendig erhält.

In einer solchen schwierigen Lage, wie sie heute ohne Zweifel besteht, braucht der Priester mehr denn je die Hilfe einer priesterlichen Aszetik und Mystik, die die Gefahren, die seinem Priestertum drohen, aufdeckt, die Bedürfnisse aufzeigt und die Mittel zur Verfügung stellt, die seine priesterliche Existenz verlangt.

In der gegenwärtigen Identitätskrise des katholischen Priestertums, die sich durch den Verzicht Tausender Priester auf ihr Amt, durch eine oft sehr tief gehende Verweltlichung vieler anderer, die im äußeren Dienst bleiben, am schwersten aber durch das Fehlen oder die Nichtannahme neuer Berufungen in aller nicht leugbaren Deutlichkeit zeigt, bedarf es einer neuen Priesterpastoral, die der heutigen konkreten Situation Rechnung trägt, dem „Kontext der Gegenwart" entspricht.

Aufbauend auf die ganze theologische Tradition muß das Wesen des katholischen Priestertums zum Leuchten gebracht werden. Das Konzil von Trient hat in einer ähnlichen Krise des

Priestertums durch die Definierung der Sakramente von Weihe und Eucharistie die Grundlage zu einer Mystik des Priesters in Verbindung mit der Christusmystik geschaffen. Matthias Joseph Scheeben hat dem theologischen Rationalismus des vergangenen Jahrhunderts gegenüber in vertiefter Schau ausgeführt, daß die Weihe eine Erhebung des Empfängers in eine übernatürliche organische Einheit mit Christus bewirkt und daß der Weihecharakter, der dem Empfänger für immer eingeprägt wird, diesem die Erhebung zu einem Organ der priesterlichen Funktionen Christi zuteil werden läßt.[65]

In neuerer Zeit, vor allem seit dem zweiten Vatikanischen Konzil, ist dieses Verhältnis des Priesters zu Christus immer mehr ins Zentrum der Wesensbestimmung des Priestertums gerückt, wodurch die biblischen Aussagen, Ansätze theologischer und kanonistischer Lehren der Vergangenheit über die Verbindung und Gleichförmigkeit von Christus und Priester vertieft und erweitert werden konnten, und das überlieferte Axiom „sacerdos alter Christus" in neues, theologisch begründetes Licht gesetzt werden konnte.

Wenn der hl. Paulus an die Korinther schreibt (1 Kor 4, 1) „Man betrachte uns als Diener Christi und als Verwalter der Geheimnisse Gottes" oder „ An Christi Statt walten wir des Amtes. Gott selbst ist es, der durch uns mahnt. An Christ Statt bitten wir: Laßt euch mit Gott versöhnen" (2 Kor 5, 20), dann ist das eine biblische Begründung der Identifikation des Priesters mit Christus.

Im Vaticanum II kommt das gleiche immer wieder zum Tragen: „Die Bischöfe haben in hervorragender und sichtbarer Weise die Aufgabe Christi selbst, des Lehrers, Hirten und Priesters inne und handeln in seiner Person" (LG n. 21 mit Note 22, wo die diesbezügliche Lehre der alten Kirche dokumentiert ist). Die Priester, als ihre Gehilfen, nehmen auch teil an ihrem Priestertum (LG 28, CD 28). Sie handeln auch in Persona Christi (LG 28). Durch das Sakrament der Priesterweihe und den mit ihr verbundenen Charakter werden sie Christus nachgebildet und handeln in seinem Namen (PO 2,6,12; OT 8; SC 7).

Nach dem Konzil mehren sich die diesbezüglichen Äußerungen auch von seiten der Kurie. Die Kongregation für das katholische Bildungswesen hat in den Grundnormen für die Priesterausbildung vom Jahre 1970 ausdrücklich auf die grundlegende Erkenntnis, daß der Priester durch die Weihe ein „alter Christus" wird, hingewiesen.[66] Der „Codex Iuris Canonici" vom Jahre 1983 sagt im can. 1008: Durch das Weihesakrament und den damit gegebenen unauslöschlichen Charakter werden die kirchlichen Diener dazu konsekriert und bestimmt, daß jeder nach seinem Grade in der Person Christi das Amt des Lehrens, Heiligens und Leitens ausübt und so das Volk Gottes nährt.

Am eindringlichsten hat sich mit Priestertum und Priesteraufgabe aber der regierende Papst Johannes Paul II. seit Beginn seines Pontifikats beschäftigt. Am Gründonnerstag jeden Jahres, angefangen von 1979, wendet er sich in einer eigenen Botschaft an die Priester. Immer wieder nimmt er die Gelegenheit wahr, bei Audienzen, Ansprachen und vor allem bei den häufigen Priesterweihen das Wesen des katholischen Priestertums in das rechte theologische, pastorale und zeitgemäße Licht zu stellen und dessen Vermächtnis zu vertiefen.

Die bisher wichtigste Amtshandlung dieses Papstes für das Priestertum ist die Einberufung und die Durchführung der 8. Bischofssynode über die Priesterausbildung. Ein Zentralpunkt der Beratungen der Synodalväter war ohne Zweifel das rechte und zeitgemäße Verständnis der Identität des Priesters in der Welt von heute und im Hinblick auf die schwere Krise, in der sich der Priester heute befindet. Zusammenfassung und Krönung dieser tiefgreifenden Arbeit ist das am 25. März 1992 erschienene Apostolische Schreiben „Pastores dabo vobis" über die Priesterbildung im Kontext der Gegenwart.

Im zweiten Kapitel dieses Apostolischen Schreibens handelt der Papst über „Wesen und Sendung des Priesteramtes", und er weist dabei ausdrücklich darauf hin, daß die „Beiträge (der Synodalväter) das Bewußtsein von der spezifisch ontologischen Verbundenheit des Priesters mit Christus, dem Hohenpriester und Guten Hirten, deutlich gemacht haben" (n. 11). Und er beschließt diese Darstellung mit der geradezu klassischen Feststellung: „Der Priester findet die volle Wahrheit seiner Identität darin, sich von Christus herzuleiten, in besonderer Weise an Christus teilzuhaben und eine Weiterführung Christi, des einzigen Hohenpriesters des neuen und ewigen Bundes, zu sein: Er ist ein lebendiges und transparentes Abbild des Priesters Christus. Das Priestertum Christi, Ausdruck der absoluten „Neuigkeit" der Heilsgeschichte, stellt den einzigen Ursprung und das unersetzliche Modell für das Priestertum des Gläubigen und im besonderen des geweihten Priesters dar. Der Bezug auf Christus ist also der absolut notwendige Schlüssel für das Verständnis aller Dimensionen priesterlicher Wirksamkeit" (n. 12 Ende).

Es wird nun nicht schwerfallen, auf Grund dieser Wesensverwandtschaft zwischen Christus und seinem Priester auch die Theologie des Zölibats des letzteren nachzuweisen. Johannes Paul II. gibt selbst wieder dazu den Schlüssel:

„Besonders wichtig ist es, daß der Priester die theologische Begründung des kirchlichen Zölibatsgesetzes erfaßt. Als Gesetzdrückt es noch vor dem Willen des einzelnen, der durch dessen Verfügbarkeit zum Ausdruck gebracht wird, den Willen der Kirche aus. Aber der Wille der Kirche findet seine letzte Begründung in dem *Band, das den Zölibat mit der heiligen Weihe verbindet*, die den Priester Jesus Christus, dem Haupt und Bräutigam der Kirche, gleichgestaltet. Die Kirche als Braut Jesu Christi will vom Priester mit der Vollständigkeit und Ausschließlichkeit geliebt werden, mit der Jesus Christus, das Haupt und der Bräutigam, sie geliebt hat. Der priesterliche Zölibat ist also Selbsthingabe *in* und *mit* Christus *an* seine Kirche und Ausdruck des priesterlichen Dienstes an der Kirche in und mit dem Herrn" (n. 29).

Auch hier kann ein Rückblick auf die Tradition der Kirche die Entwicklung dieser Theorie aufzeigen. Was hier unter dem Gesichtspunkt zusammengefaßt werden soll, ist z.T. schon bei der Analyse der Zeugnisse über die Klerikerenthaltsamkeit vom Anfang der Kirche gesagt worden. Der Bezugnahme auf die Heilige Schrift und ihre Interpretation zu unserem Thema in diesen Zeugnissen der Zölibatsgeschichte nachzugehen, ist zweifelsohne eine Stütze der theologischen Beweisführung von seiten der Synodalväter und des Papstes in seinem Schreiben, auf die wir immer wieder verwiesen werden. Die biblische Sicht zum Zölibat gewinnt übrigens auch in der diesbezüglichen Literatur immer mehr an Bedeutung.[67]

Schon im ersten uns bekannten geschriebenen Gesetz, dem can. 33 von Elvira, sind die Kleriker *positi in ministerio,* d.h. die am Altar dienen, zur Enthaltsamkeit verpflichtet. Auch die afrikanischen Verfügungen sprechen immer wieder von denen, die dem Altar dienen, die die Sakramente berühren und ihnen dienen, die durch die Konsekration, die sie empfangen

Möglichkeit der Umkehr und Buße anbiete. Wenn sie bis zu einem bestimmten Termin nach der Synode die verbotene Ehe aufgegeben hätten, könnten sie im Amt verbleiben. Die Unlogik dieser Entscheidung des can. 3 dem can. 13 gegenüber, der doch den Priestern und Diakonen den Gebrauch der vor der Weihe eingegangenen Ehe erlaubte, ist nur dadurch zu erklären, daß dieses apostolische Verbot zutiefst auch in der orientalischen Tradition verankert war, ohne daß man sich über dessen Sinn noch Rechenschaft ablegte. Daraus ergibt sich aber ein stillschweigender Beweis für den ursprünglichen Sinn als Garantie für die Enthaltsamkeit nach der Weihe, wie das in der Westkirche noch lebendig geblieben war und als die sorgfältige Beobachtung von seiten Roms zur Kenntnis genommen wurde.

Es soll in diesem Zusammenhang noch auf zwei weitere Stellen der Heiligen Schrift hingewiesen werden, die zwar nicht ausdrücklich in den alten Zeugnissen aufscheinen, von denen die zweite aber heute gegen den Zölibat der Apostel angerufen wird.

Unter den Eigenschaften, die Paulus als für den Vorsteher notwendig bezeichnet, heißt es auch, daß er ἐγκςατής, d.h. continens, sein muß. Dieser Terminus steht für die geschlechtliche Enthaltsamkeit, wie sich auch aus der Parallelstelle der für das Gebet notwendigen Enthaltsamkeit der Eheleute ergibt.[70]

Die zweite Schriftstelle findet sich 1 Kor 9, 5, wo Paulus sagt, daß er auch berechtigt wäre, Frauen als Helferinnen bei sich zu haben, wie es die übrigen Apostel, die Brüder des Herrn und auch Kephas hätten. Das wird von manchen auf die Ehefrauen der Apostel bezogen, was für Petrus ja auch stimmen könnte. Nun ist aber wohl zu beachten, daß Paulus hier nicht einfach γυναῖκα sagt, was ja tatsächlich auch die Ehefrau bezeichnen könnte. Wohl nicht ohne Absicht fügt er zu γυναῖκα noch das Wort ἀδελφήν also „Schwester" hinzu, so daß ein Mißverständnis mit Ehefrau ausgeschlossen ist.

Wir können uns unschwer von dieser Tatsache überzeugen, wenn wir bedenken, daß in der Folge gerade von den bedeutendsten kirchlichen Zeugen der Klerikerenthaltsamkeit immer wieder auf die frühere Ehefrau hingewiesen wird, die nach der Weihe des früheren Ehemannes *soror*, Schwester, genannt wird, wie überhaupt das Verhältnis der Eheleute nach der Weihe des Mannes als das zwischen Bruder und Schwester herrschende angesehen wird. So sagt Gregor d. Große: „Der Priester wird von der Zeit seiner Weihe ab seine Priesterin (d.h. die frühere Ehefrau) wie eine Schwester lieben."[71] Das Konzil von Gerona (517) bestimmte: „Wenn früher Verheiratete geweiht wurden, sollen sie mit der aus der Gattin gewordenen Schwester nicht zusammenwohnen."[72] Und das zweite Konzil von Auvergne (535) verfügte seinerseits: „Hat ein Priester und Diakon die Weihe zum göttlichen Dienst empfangen, wird er sofort aus dem Gemahl der Bruder seiner früheren Frau."[73] Diese Ausdrucksweise findet sich in vielen Väter- und Konzilstexten.

Wir müssen uns nun noch einem zweiten, oft vorgebrachten Argument gegen die Klerikerenthaltsamkeit in den ersten Jahrhunderten zuwenden. Es besteht in der Berufung auf das Alte Testament, in dem ja bekanntlich die Priester und Leviten während der Zeit, die sie frei vom Tempeldienst zu Hause verbrachten, im ehelichen Verkehr mit ihren Frauen leben durften, ja mußten. Darauf werden immer wieder zwei Antworten gegeben: Einmal heißt es, daß das alttestamentliche Priestertum einem Stamm anvertraut war, der erhalten bleiben mußte, wozu die Ehe notwendig war. Das Priestertum des Neuen Testaments aber sei ohne (Familien-) Nachfolge.

Dazu kommt das noch wichtigere und so oft wiederholte Argument des Unterschiedes: Die Priester des Alten Testaments hatten einen zeitlich beschränkten Tempeldienst, die Priester des Neuen Testaments aber hätten einen ununterbrochenen Dienst, der also das zeitlich beschränkte Enthaltsamkeits- und Reinheitsgebot des Alten Bundes auf die Unbeschränktheit und ständige Beobachtung ausdehnte. Als überzeugende Erläuterung wird immer die Stelle aus dem 1. Korintherbrief angeführt, in dem Paulus den Eheleuten rät, sie sollten sich einander nicht entziehen, außer um sich unter beiderseitiger Zustimmung dem Gebet zu widmen, und zwar auf Zeit (1 Kor 7, 5).

Die Priester des Neuen Bundes aber müssen ständig beten und sich einem ununterbrochenen täglichen Dienst widmen, in dem durch ihre Hände die Gnade der Taufe verliehen und der Leib Christi dargebracht wird. Die göttliche Schrift leite sie an, dabei ganz rein zu sein, und die Väter befahlen, die körperliche Enthaltsamkeit zu wahren.

Die gleichen Dokumente geben dazu noch einen pastoralen Grund an: Wie kann ein Priester einer Jungfrau oder einer Witwe Unversehrtheit und Enthaltsamkeit predigen und sie zu einem reinen Lager anspornen, wenn er selbst mehr Wert darauf legt, der Welt anstatt Gott Kinder zu zeugen?

Aus allen diesen Gedankengängen ergibt sich bereits ein nach Christi Willen ausgerichtetes Priesterbild des Neuen Bundes, das sich wesentlich von dem des Alten Bundes unterscheidet: Dieses ist nur auf die Funktion, die noch dazu zeitlich beschränkt ist, abgestimmt und rein äußerlich. Jenes aber geht auf das Wesen, ist deswegen ganzheitlich, was den

Priester selbst, sein Inneres und Äußeres angeht und was seinen Dienst betrifft. Christus will von seinem Priester Seele, Herz und Leib und in seiner gesamten Tätigkeit die Reinheit und Enthaltsamkeit als Zeugnis dafür, daß er nicht mehr nach dem Fleisch, sondern nach dem Geiste lebt (Röm 8, 8). Das funktionelle levitische Priestertum des Alten Bundes kann also nie ein Vorbild für das ontologische, Christus nachgebildete des Neuen sein; dieses überragt jenes dem ganzen Wesen nach.

Von daher haben die Menschen, die die Botschaft Christi angenommen haben, vom Anfang an auch schon die Forderung Christi an seine Apostel verstanden, daß nämlich auch um des Himmelsreiches willen auf die Ehe verzichtet werden kann und muß (Mt 19, 12) und daß man, als sein Jünger im engeren Sinne, Vater, Mutter, Frau und Kinder, Bruder und Schwester verlassen muß (Luk 18, 29; 14, 26). Und auch das Pauluswort, das auf das unterschiedliche Verhältnis zu Gott von seiten des Unverheirateten und des Verheirateten hinweist (1 Kor 7, 32-33), wird in seiner Bedeutung für den Klerikerzölibat immer mehr erkannt.

Es wird erst Sache der Schule, d.h. der klassischen Kanonistik vom 12. Jahrhundert ab sein, die Motive der Verbindung der Enthaltsamkeit mit dem Priestertum des Neuen Bundes zu erfassen, zu erklären und zu begründen. Bei der im zweiten Teil kurz wiedergegebenen wissenschaftlichen Entwicklung wurde auf die Schwierigkeiten der damaligen Ausarbeitung einer befriedigenden Theorie hingewiesen. Obwohl schon die alten Väter erkannt hatten, daß die Enthaltsamkeit zum Wesen des neuen Priestertums gehöre, etwa, wenn Epiphanius sagt, daß das Charisma des neuen Priestertums in der Enthaltsamkeit bestehe, oder der hl. Ambrosius, daß die Verpflichtung zum ständigen Gebet das neue Gebot des Neuen Testaments sei, haben die Glossatoren, weil sie eben zu wenig Theologen waren, keine Theologie des Zölibats schaffen können. In ihrer Beschäftigung mit der Zölibatsdisziplin des Westens waren sie auch zu sehr durch die des Ostens bedingt, deren Legitimität sie wegen der Paphnutiusfabel und der trullanischen Gesetzgebung als gegeben hinnahmen.

Auf Grund der entsprechenden Texte der katholischen Kirche des Westens haben sie aber doch eine Theorie versucht, die wesentliche Elemente einer Theologie enthielt, die gültig war. Sie haben vor allem erkannt, daß die Enthaltsamkeit mit dem *ordo sacer*, mit der Weihe, zusammenhängt, daß das Kirchengesetz *propter ordinis reverentiam,* wegen der der Weihe schuldigen Ehrfurcht, gegeben wurde, daß die Enthaltsamkeit mehr der Weihe auferlegt wurde als dem Menschen. Auch aus der oben wiedergegebenen Zusammenfassung des hl. Raymund von Peñafort ergibt sich mit Sicherheit, daß der Grund der Klerikerenthaltsamkeit für die damalige Zeit nicht die kultische Reinheit des Altardieners war, sondern die aus der völligen Hingabe an Gott hergeleitete Wirksamkeit seines vermittelnden Gebetes und überhaupt die ungehinderte Gebetsmöglichkeit sowie die volle Freiheit für die Amtstätigkeit und den Dienst der Kirche.

Wenn auch die Theologie der folgenden Jahrhunderte bis heute das Priestertum des Neuen Bundes nicht vernachläßigt hat, so verlangte erst die Krise der Priester und der Berufungen zum Priestertum in der zweiten Hälfte dieses Jahrhunderts eine einmalige Vertiefung dieses Gegenstandes, wie schon oben gesagt wurde.

Den Grund dafür hat das Zweite Vatikanische Konzil gelegt. Und darauf bauten die folgenden Bemühungen auf, die der gegenwärtig regierende Heilige Vater sofort vom Anfang seines Pontifikats an zu einem Hauptpunkt seines Lehr- und Pastoralprogramms gemacht hat. Es ist bezeichnend, daß er in seinem ersten Schreiben an die Priester anläßlich des Gründonnerstags zum Priesterzölibat sagte, daß die lateinische Kirche ihn wollte und weiterhin will, indem sie sich „am Beispiel unseres Herrn Jesus Christus selbst, an der apostolischen Lehre und der ganzen ihr eigenen Tradition inspirierte" [74]. In den folgenden Jahren kam er immer wieder auf das Thema Priestertum und die damit verbundene Enthaltsamkeit zurück, indem er sich zu gleicher Zeit vom Anfang an bemühte, leichtfertigen Dispensen Schranken zu setzen.

Höhepunkt dieser Bemühungen höchsten pastoralen Bewußtseins war ohne Zweifel die Ausrufung der 8. Bischofssynode für den Monat Oktober des Jahres 1990, in der die Priesterausbildung im Kontext der Gegenwart behandelt werden sollte. Das geschah in eindringlicher Weise durch die Stimmen der Vertreter des Weltepiskopats und hat nun in dem Apostolischen Schreiben „Pastores dabo vobis" einen Ausruck erhalten, der uns berechtigt, von einer Magna Charta der Theologie des Priestertums zu sprechen, die für die ganze Zukunft der Kirche maßgebend bleiben wird.

Es ist nicht möglich und auch nicht der Zweck dieser Schrift, eine Betrachtung über das genannte Apostolische Schreiben in seinem ganzen Ausmaß anzustellen.[75] Es soll aber doch Grundlage zu abschließenden Bemerkungen zur Theologie der Klerikerenthaltsamkeit im Zusammenhang mit der Theologie des Priestertums sein.

Letzte Begründung derselben und des Willens der Kirche zu ihr liegt in dem „Band, das den Zölibat mit der heiligen Weihe verbindet, die den Priester Jesus Christus, dem Haupt und Bräutigam der Kirche, gleichgestaltet". Das ist wohl die Kernaussage der gesamten Theologie des Zölibats, die im Apostolischen Schreiben entwickelt wurde und zu Betrachtung, Durchdringung und Entwicklung aufgegeben ist. Es wurde oben bereits versucht, die schon in der Tradition aufscheinenden und mehr oder weniger ungenügend entwickelten Elemente der Theologie des Zölibats anzuzeigen. Wir dürfen nun feststellen, daß sie in der Darstellung des Schreibens nicht nur alle übernommen und systematisch entwickelt, sondern daß auch andere dort noch nicht erfaßte Elemente voll ausgewertet wurden.

Hierher gehört vor allem, was in dem Abschnitt des 3. Kapitels über „Die Gleichgestaltung mit Jesus Christus, dem Haupt und Hirten, und die pastorale Liebe", vornehmlich in den Nummern 22 und 23 ausgeführt wird. Christus erscheint hier im Sinne von Epheser 5,23-32 als der Bräutigam der Kirche und die Kirche als die einzige Braut Christi. In Verbindung mit anderen Schriftstellen wird hier die tiefe Mystik von Christus und Kirche herausgearbeitet, um sofort mit dem Priester in Verbindung gebracht zu werden: „Der Priester ist berufen, lebendiges Abbild Jesu Christi, des Bräutigams der Kirche zu sein... Er ist also dazu berufen, in seinem geistlichen Leben die Liebe des Bräutigams Christus zu seiner Braut, der Kirche, wiederzubeleben" (der Priester ist also nicht ohne bräutliche Liebe, seine Braut ist die Kirche!)." Sein Leben soll auch von diesem Wesensmerkmal erleuchtet und angeleitet werden, das von ihm verlangt, Zeuge der Liebe Christi als des Bräutigams seiner Kirche und somit fähig zu sein, das Volk zu lieben mit neuem, großem und reinem Herzen, mit echtem Abstand zu sich selbst, mit voller, ständiger und treuer Hingabe und zugleich mit einer Art göttlicher ‚Eifersucht' (vgl. 2 Kor 11,2), mit einer Zartheit, die sich sogar Nuancen der mütterlichen Liebe zu eigen macht und ‚Geburtswehen erleidet, bis Christus in den Gläubigen Gestalt annimmt' (vgl. Gal 4,19).

Das innere Prinzip, die Kraft, die das geistliche Leben des Priesters, insofern er Christus, dem Haupt und Hirten, nachgebildet ist, beseelt und leitet, ist *die pastorale Liebe*, die Teilhabe an der Hirtenliebe Jesu Christi." Ihr wesentlicher Gehalt „ist die Verfügbarkeit des eigenen Ich als ganzheitliche Selbsthingabe an die Kirche nach dem Vorbild und in der Teilnahme an der Hingabe Christi...Durch die pastorale Liebe, die die Ausübung des Priesteramtes als *amoris officium* prägt, ist der Priester, der die Berufung zum Dienst empfängt, in der Lage, daraus eine Liebesentscheidung zu machen, auf Grund welcher die Kirche und die Seelen zu seinem Hauptinteresse werden."

Schluß

Das Priestertum der katholischen Kirche ist ein Geheimnis, das selbst wieder eingebaut ist in das Geheimnis der Kirche Christi. Jedes Problem um dieses Priestertum – und vor allem das große immer aktuelle um die Enthaltsamkeit – kann und darf nicht mit rein anthropologischen, psychologischen, soziologischen oder ganz allgemein mit profanen und innerweltlichen Überlegungen und Begründungen gelöst werden. Man kann dem Problem der Enthaltsamkeit auch nicht mit rein disziplinären Kategorien gerecht werden. Jede Äußerung des Lebens und der Tätigkeit des Priesters, sein Wesen und seine Identität verlangen zuerst eine theologische Rechtfertigung. Diese haben wir aus der Geschichte und aus der auf die Offenbarung aufbauende theologische Reflexion für die Klerikerenthaltsamkeit zu erbringen versucht.

Daraus ergibt sich zuerst rein formell, daß einer befriedigenden, dem Geheimnis entsprechenden Darstellung eine profane Sprache nicht gerecht wird, sondern daß sie einer recht verstandenen verklärenden Sprache sogar bedarf. Vom Wesen her gesehen genügt es deswegen auch nicht, nur zu fragen, was die Kirche funktionsfähiger macht: Bewahrung oder Verzicht auf die Enthaltsamkeit. Das Priestertum des Neuen Bundes ist ja kein Funktionsbegriff wie der des Alten, sondern ein Seins-Begriff, aus dem allein das rechte Tun abgeleitet werden kann nach dem Grundsatz: *agere sequitur esse* (das Handeln folgt dem Sein).

Angesichts der auch vom offiziellen Lehramt der Kirche bestätigten und vertieften Theologie des neutestamentlichen Priestertums dürfen wir uns fragen, ob die Gründe für den Zölibat tatsächlich nur für eine „Angemessenheit" sprechen, oder ob er nicht doch notwendig und unverzichtbar ist, ob nicht doch ein Junktim zwischen beiden besteht. Erst dann werden wir recht auf die Frage antworten können, ob die Kirche sich eines Tages entschließen kann, das Zölibatsgesetz zu modifizieren oder ganz aufzugeben [76].

Aber wir müssen davon ausgehen, daß das katholische Priestertum vom Stifter der Kirche nicht auf den sich wandelnden Menschen, sondern auf das unwandelbare Geheimnis des Priesters und der Kirche und damit auf Christus selbst gebaut ist.

Anmerkungen

1   Hier sind vorerst drei grundlegende Veröffentlichungen zu nennen: Christian Cochini SJ, Origines apostoliques du célibat, Le Sycomore, Ed. Lethielleux, Paris 1981; englische Übersetzung: Apostolic Origins of Priestly Celibacy, Ignatius Press, San Francisco 1990. - Roman Cholij, Clerical Celibacy in East and West (vor allem Darstellung der Zölibatsentwicklung in den Ostkirchen), Fowler Wright Books, Leominster 1988. Filippo Liotta, La Continenza dei Chierici nel pensiero canonistico classico (da Graziano a Gregorio IX), Quaderni di Studi Senesi 24, Giuffrè, Milano, 1971.
Dazu noch einige andere neuere allgemeine Veröffentlichungen: I. Coppens (Hrsg.), Sacerdoce et Célibat, Bibliotheca Ephemeridum Theol. Lovanien. XXVIII, 1971 (darin: Alfons M. Stickler, L'évolution de la discipline du célibat dans l'Eglise en Occident de la fin de l'âge patristique au concile de Trente, 373-442). Von diesem Sammelwerk existiert eine englische (1972) und italienische Übersetzung (1975). Roger Gryson, Les Origines du Célibat ecclesiastique, Duculot, Gembloux 1970. Georg Denzler, Das Papsttum und der Amtszölibat, in: Päpste und Papsttum V, 1 (Stuttgart 1973), V,2 (1976). Martin Boelens, Die Klerikerehe in der Gesetzgebung der Kirche unter besonderer Berücksichtigung der Strafe: Von den Anfängen der Kirche bis zum Jahre 1139, Paderborn 1968. - Id., Die Klerikerehe in der kirchlichen Gesetzgebung vom II. Laterankonzil bis zum Konzil von Basel, in: Ius Sacrum (Festschrift f. Klaus Mörsdorf), Paderborn 1969, 593-614. - Id., Die Klerikerehe in der kirchlichen Gesetzgebung zwischen den Konzilien Basel und Trient, in: Archiv für katholisches Kirchenrecht 138. 1969, 62-81. - A. Franzen, Zölibat und Priesterehe in der katholischen Reform des 16. Jahrhunderts, Münster 1969 (2. Auflage 1970). - Alfons M. Stickler., La continenza dei Diaconi specialmente nel primo millennio della Chiesa, in: Salesianum 26, 1964, 275-302. - Id., Tratti salienti nella storia del celibato, in: Sacra Doctrina 60, 1970, 585-620.

2   Dist. XXVII, dict. introd. ad v. Quod autem. - Vgl. Studia Gratiana, hrsg. v. J. Forchielli und Alfons M. Stickler, I-III, Bologna 1953 ff.

3   1 Tim 3,2 u. 3,12; Tit 1,6.

4   Mt 19,27-30; Mk 10,20-21; Lk 18,28-30.

5   Gustav Bickell, Der Cölibat eine apostolische Anordnung, in: Zeitschrift für katholische Theologie 2, 1878,26-64. – Id., Der Cölibat dennoch eine apostolische Anordnung, in: Zeitschrift für katholische Theologie 3, 1879, 792-799. – Franz Xaver Funk, Der Cölibat keine apostolische Anordnung, in: Tübinger Theologische Quartalsschrift 61, 1879, 208-247. - Id., Der Cölibat noch lange keine apostolische Anordnung, in: Tübinger Theologische Quartalschrift 62, 1880, 202-221. - Id., Cölibat und Priesterehe im Christlichen Altertum, in: Kirchengeschichtliche Abhandlungen und Untersuchungen I, 1897, 121-155. - Elphège-Florent Vacandard, Les origines du célibat ecclesiastique, in: Etudes de critique et d'histoire religieuse, 1 sér., Paris 1905 (5. Auflage Paris 1913), 71-120. - Id., Art. Célibat, in: Dictionnaire de Théologie Catholique II, 2068-2088, Paris 1905. - Henri Leclercq, La législation conciliaire relative au célibat ecclésiastique (in der

77

französischen erweiterten Ausgabe der *Conciliengeschichte* von Carl Josef v. Hefele, vol. II, 2 part.), Paris 1908, Appendix VI, p. 1321-1348. - Id., Art. Célibat, in: *Dictionnaire d'Archéologie chrétienne et de Liturgie* II, 2802-2832, Paris 1908.

6 Vgl. z. B. ARTHUR MICHAEL LANDGRAF, Diritto canonico e teologia nel sec. XII, in: *Studia Gratiana* I, 371-413.

7 HERMANN THEODOR BRUNS, Canones Apostolorum et Conciliorum saec. IV-VII, II, Berolini 1839, 5-6.

8 *Acta Apostolicae Sedis (AAS)* 28, Rom 1936, 25.

9 Concilia Africae a. 345-525 (Hrsg. v. C. MUNIER in: *Corpus Christianorum*, Series Latina 149, Turnhout 1974), 13.

10 *Corpus Christianorum* 149, 98ss.

11 *Corpus Christianorum* 149, 133s.

12 *Corpus Christianorum* 149, 142.

13 *Corpus Christianorum* 149, 58-63.

14 S. IRENAEUS, *Adversus haereses* 3,3,2.

15 Decretale „Directa". - PH. JAFFÉ, Regesta pontificum Romanorum..., Leipzig 1851 (2. Auflage 1881-1888 in 2 Bdn, photomech. Nachdruck Graz 1956), n.255. - *Patrologia Latina (PL),* hrsg. v. J. P. MIGNE, 13, 1131-1147.

16 Decretale „Cum in unum" („Diversa quamvis") a. 386. - JAFFÉ, op. cit., 258.- BRUNS, op. cit., I, 152-155; *Corpus Christianorum* 149,59-63.

17 BRUNS, op.cit., II, 274: can.3 = 276-277.

18 JAFFÉ, op, cit., 286. - *PL* 20, 465-77; JAFFÉ, op. cit., 293. - *PL* 20, 495-8 u. Conc. Agathense a. 506, n.9 in: *Corpus Christianorum* 148, 196-199; JAFFÉ, op. cit., 315. - *PL* 20,605.

19 JAFFÉ, op. cit., 544. - *PL* 54,1199.

20 Brief an Anastasius von Thessalonica vom Jahre 446: JAFFÉ, op. cit., 411 - *PL* 54,666.

21 Über die zahlreichen Texte Gregors d. Großen vgl. COCHINI, op. cit., 404-416; z. B.: „subdiaconi...qui iam uxoribus fuerant copulati, unum ex duobus eligerent: id est a suis uxoribus abstinerent aut certe nulla ratione ministrare praesumerent" (*Monumenta Germaniae Historica*, Epistolae IV, 34 = *PL* 77,710).

22 BRUNS, *op. cit.,* II, 2. - *Corpus Christianorum* 149, 69.

23 Z.B. Conc. Tol.I (a.398): BRUNS, op. cit.,I, 203; Conc. Romanum a. 348: BRUNS, op. cit., II, 278 (can.VI).

24 *De officiis ministrorum* I,50: *PL* 16, 103-105. Vgl. dazu auch den Brief an die Kirche von Vercelli = 63,62s = *PL* 16, 1257.

25 I, 34 = *PL* 23,257.

26 *PL* 23, 340-41: „Aut virgines, aut continentes aut si uxores habuerint mariti esse desistunt".

27 Ep.49,21 = *Corpus scriptorum ecclesiasticorum latinorum (CSEL)* 54,386s.

28 *PL* 22,510.

29 II,22 = *CSEL* 41,409 und *PL* 40,486.

30 Hinweise auf die entsprechenden Konzilien siehe in: Cochini, op. cit., 295-308; 355-379: 420-431 (Spanien und Gallien) - Stickler, *Tratti salienti, op. cit.*, 592-593; Sacerdoce et Célibat, op. cit., 373-394 passim.

31 Stickler, Tratti salienti, op. cit., 593.

32 Stickler, Tratti salienti, op. cit., 594 mit n.21. - Id., Sacerdoce et Célibat, op. cit., 379-383.

33 Stickler, Tratti salienti, op. cit., 592s.

34 Stickler, Sacerdoce et Célibat, op. cit., 394-408 und Id., I presupposti storico-giuridici della riforma gregoriana e dell'azione personale di Gregorio VII, in: *Studi Gregoriani* XIII (Roma 1989), 1-15.

35 Vgl. can. 7 Conc. Lateranen. II, in: *Conciliorum Oecumenicorum Decreta*, Herder, Freiburg i. Br. 1962, 174.

36 Vgl. meine Historia Fontium Iuris Canonici, p. 197ss.

37 Vgl. das in Nota 1 zitierte Werk von Liotta, vor allem S. 373-387. Auf die Gründe in ihrer ganzen Entwicklung komme ich im Teil IV zurück, während die Stellungnahme zur Disziplin der Ostkirche, ihres Inhalts und ihrer Entwicklung im Teil III folgen wird.

38 Liotta, op. cit., 374.

39 Liotta, op. cit., 386s. - Auf weitere Beweggründe bei den Glossatoren werde ich im Teil IV zurückkommen. - Vgl. außerdem zur Sache noch: Stickler, L'évolution...op. cit., 408-427.

40 Die Väter wiesen hier ausdrücklich auf die Bestimmungen des Konzils von Karthago hin, von denen oben ausführlich die Rede war. Ein Beweis, wie diese alte Tradition auch damals noch im Bewußtsein der die Väter beratenden Fachleute war. Vgl. Concilium Tridentinum, in: *Goerresiana*, Tom. IX, pars 6, 425-70.

41 Vgl. Stickler, L'évolution, op. cit., 427-439 und Franzen, op. cit., 64-88; außerdem Boelens, Die Klerikerehe..., op. cit., in: *Archiv für katholisches Kirchenrecht* 138, 1969, 75-81.

42 In der bereits erwähnten Theologenkommission waren die Meinungen über den apostolischen oder kirchlichen Ursprung geteilt. Angesichts der Tradition hat man die Frage aber nicht entscheiden wollen. Vgl. dazu auch Franzen, op.cit., 84, n.99. Immerhin ist die Stimme eines der Verteidiger des apostolischen Ursprungs bemerkenswert: Franciscus Orantes sagt nämlich dazu: „Apostoli statuerunt atque praeceperunt, ut sacerdotes uxores non ducerent. Traditio autem apostolica universaliter i. e. consensu totiusEcclesiae recepta et perpetuo servata ius divinum dicitur" *(Goerresiana*, Tom. IX, pars 6,440) zitiert bereits bei Roman Cholij, De lege coelibatus sacerdotalis nova investigationis elementa, in: *Periodica de re morali, canonica, liturgica* 78, 1989, 184.

43 *Conciliorum Oecumenicorum Decreta*, op. cit.,726-729.

44 Vgl. dazu die Äußerungen des Konzilstheologen Desiderius de S. Martino: „Cum autem quaeritur, an, ubi est penuria sacerdotum, debeant admitti mariti ad sacerdotium, respondeo id non expedite ut fiat, cum id numquam in ecclesia catholica factum fuerit. Cum autem cum voluntate uxorum fieret (was eben schon in der Vergangenheit weithin stattgefunden hatte) posset, sed tamen ut ipsi et uxores etiam manerent coelibes "*(Goerresiana* Tom.IX, pars 6, 441). Zitiert auch bei CHOLIJ, De lege coelibatus...op.cit., 172 n.33 und 185.

45 „Mirari vos" vom 15.8.1832, in: *Acta Gregorii* XVI, I, 171.

46 Allocuzione Concistoriale vom 16.12.1920, in: *AAS* XII, 1920, 587.

47 Sie können bei BICKELL, op.cit. und auch bei CHOLIJ, Clerical Celebacy ..., op.cit., 69-105 nachgelesen werden.

48 *Patrologia Graeca (PG)* 41, 868, 1024 oder *Die griechischen christlichen Schriftsteller der ersten drei Jahrhunderte (GCS)* 31 (1921), 219 ss.

49 *PG* 42, 823 ss. oder *GCS* 37 (1933), 522.

50 Vgl. z.B. COCHINI, op. cit., 194-203 u. 227-229 und CHOLIJ, Clerical Celibacy ..., opt. cit., 39-40, 75-78, 92-97.

51 *Conciliorum Oecumenicorum Decreta,* op.cit., 6. Im lateinischen Text dieser Ausgabe fehlen die Diakone.

52 *PG* 67, 100-102 mit Fußnoten (Socrates) und 925s, besonders Fußnote 74 (Sozomenos).

53 *PG* 69, 933.

54 FRIEDHELM WINKELMANN, Paphnutios, der Bekenner und Bischof. Probleme der koptischen Literatur, in: *Wissenschaftliche Beiträge der Martin Luther-Universität Halle-Wittenberg,* 1968/1, 145-153. Siehe zur ganzen Frage auch COCHINI, op.cit., 223-227.

55 Vgl. dazu auch CHOLIJ, Clerical Celibacy ..., op.cit., 88-91.

56 Codex Theodosianus 16, 2, 44.

57 STICKLER, Tratti salienti ..., op.cit., n. 50.

58 STICKLER, Historia Fontium Iuris Canonici, 69-70.

59 Die hier besprochenen Texte befinden sich in der von P. P. Joannu besorgten Ausgabe in der Reihe *Pontificia Commissione per la Redazione del Codice di Diritto Canonico Orientale,* Fonti, Fasc. IX, T. I/1, 98-241 (=Concilium Trullanum II) und T. I/2, 190-436 (Synode v. Carthago 419), Grottaferrata (Roma) 1962. – Der can. 13 des Conc. Trullanum findet sich auf S. 140-143, die afrikanischen Texte auf S. 216-218 und 240-241. Der can. 70, der auch vom Zölibat handelt, steht auf S. 312-313; er fehlt aber in der Byzantinischen Sammlung des Pedalion.
Der vom Trullanum formulierte can. 13 ist in dem uns betreffenden Abschnitt folgendermaßen zusammengesetzt (wir folgen dem griechischen Text, da wir den der lateinischen Übersetzung, die den Vätern vorlag, nicht kennen): „Scimus autem

80

dixerunt: 'ut subdiaconi qui sacra contrectant et diaconi et presbyteri (hier ist ausgelassen ,sed et episcopi' des afrikanischen Textes) secundum propria statuta et a consortibus se abstineant.'" Dieser Text ist dem can. 25 von Karthago entnommen. Der Trullanische Text geht dann weiter mit der zweiten Zitation: „'Ut quod apostoli docuerunt et ipsa servavit antiquitas nos quoque custodiamus.'" Dieser Textabschnitt ist am Ende des can. 3 von Karthago entnommen. Es folgt dann wieder der Text der Väter des Trullanum: „Tempus pro omni re decernentes et maxime in ieiunio et oratione; oportet enim eos qui divino altari inserviunt, in sanctorum tractandorum tempore." Hier geht der vom can. 3 von Karthago übernommene Text weiter: „'Continentes esse in omnibus, ut possint id quod a deo simpliciter petunt, obtinere.'" Dann geht der Text der Väter des Trullanum weiter: „Si quis ergo praeter apostolicos canones incitatus sit aliquem eorum qui sunt in sacris, presbyterorum, inquimus, vel diaconorum vel subdiaconorum coniunctione cum legitima uxore et consuetudine privare, deponatur..."
Wir haben also hier eine Kombination von afrikanischen Texten mit dem der Trullanischen Väter vor uns. Diese lassen im can. 13 jeden Hinweis auf die Bischöfe des karthagischen Textes aus, übernehmen aber den hier aufscheinenden Hinweis auf die apostolische und altkirchliche Tradition, die sie auch bewahren wollen, für die von ihnen ins Gegenteil veränderte Disziplin für die Priester und Diakone. So unterschieben sie ihrer geänderten Disziplin das Zeugnis der Apostel und der alten Kirche für die alte Disziplin, die die afrikanischen Väter aber auf die Enthaltsamkeit aller 3 höheren Grade der Kleriker bezogen haben.

60 C. KNETES, Ordination and matrimony in the Eastern Orthodox Curch, in: *Journal of theological studies* 11, 1910, 354s. und CHOLIJ, Clerical Celibacy ..., op.cit. 126s.

61 CAESAR BARONIUS, Annales Ecclesiastici (hrsg. v. GIOVANNI DOMENICO MANSI in 38 Bdn, Lucca 1738-1759), auf den sich schon SEVERIN BINIUS (MANSI XII, 50) berufen hat, sagt, daß es sich bei can. 13 des Trullanum II um eine Fälschung des afrikanischen Textes handelt. I, 499: „Adsciscentes insuper iidem (die orientalischen Bischöfe des Trullanum II) ad suum ipsorum confirmandum conatum aperta mendacia, quasi in concilio quod citant carthaginensi statutum fuerit, ut clerici ab uxoribus abstineant tempore vicis suae quam insigniter mentiantur, ipsa de hac re saepius ab Africanis Episcopis sancta decreta testantur. Nam non tantum, quem susperius citavimus canon secundus Concilii secundi Carthaginensis ut sacris ordinibus mancipati se abstineant ab uxoribus cavit: sed et tertius canon quintae synodi Carthaginensis hoc ipsum vehementer iniunxit absque aliqua temporis distinctione ... ut ex his apertissime illorum appareat impostura, quam ut honesto titulo eadem illa seditiosorum factio validaret, ad convellenda statuta Patrum aucupari conata est ex Sextae Synodi nomine auctoritatem." – Eine weitere Behandlung dieser Frage stellt BARONIUS in Aussicht und bringt sie auch zum Jahre 692, num. 19ss.
Obwohl BARONIUS unter den alten Kirchenhistorikern nicht der einzige ist, der diese Fälschung anprangert, da es auch von anderen Historikern des kirchlichen Zölibats wiederholt wird, hat sie in der modernen Literatur bis auf CHOLIJ keine besondere Beachtung gefunden.

62 MANSI I, 58s. Hier sagt SEVERINUS BINIUS zum can.apost. 5, daß alle Kanones des Trullanum II „spurios esse". – MANSI XI, 921ss, bes. 930: Hier wird dieses Konzil als nur der Orientalischen Kirche zugehörig festgestellt. – MANSI XII, 47ss: Hier nimmt BINIUS wieder Stellung und sagt, col.50, daß der Kanon 13 den apostolischen Bestimmungen zuwiderläuft und deswegen „non immerito hunc canonem cum quibusdam aliis velut spurium et illegittimum partum catholica ecclesia hactenus semper est adversata". Auf col.52 sagt FRONTON DU DUC (DUCAEUS) SJ ausdrücklich: „Vitiosa est igitur Graecorum schismaticorum expositio, quae vitiosa nititur Latini canonis lectione."

63 Vgl. besonders CHOLIJ, Clerical Celibacy …, op.cit., das ganze Kap. 4 (pp. 106-194).

64 Aus den vielen möglichen Belegen für dieses Anliegen wähle ich nur einen aus: In einer Dissertation, die im Bd. 44 der *Münsterischen Beiträge zur Theologie* erschienen ist unter dem Titel "Der Streit um den Zölibat im 19. Jahrhundert", Münster 1978, (ein Auszug ist erschienen im *Klerusblatt, Zeitschrift für Kleriker in Bayern und der Pfalz* 69, 1989, 254-56) spricht der Autor, WINFRIED LEINWEBER, über das Für und Gegen den Zölibat und seine Verkoppelung mit dem Priesteramt.

65 Die Mysterien des Christentums, Mainz 1931, 543-546.

66 *ASS* 62, 1970, n. 44.

67 Für die entsprechenden Auffassungen zitiere ich hier nur den Historiker B. KÖTTING, Der Zölibat in der alten Kirche, in: *Schriften der Gesellschaft zur Förderung der westfälischen Wilhelmsuniversität zu Münster,* Heft 41, Münster 1970, und den Theologen J. GALOT, Sacerdoce et célibat, in: *Gregorianum* 52, 1972, 731-757.

68 Demonstratio evangelica I,9: *PG* 22,82.

69 Vgl. dazu die Arbeit von STEPHAN KUTTNER, Pope Lucius and the Bigamous Archbishop of Palermo, in: *Variorum Reprints:* ST. KUTTNER, The History of Ideas and doctrines of Canon Law in the Middle Ages, London, 1980, 229-454.

70 Vgl. dazu Tit 1,8 und 1 Kor 7,9. – Nach dem Theol. Wörterbuch zum Neuen Testament wird das Wort erst bei Paulus und nachher zur Enthaltsamkeit als ethischer und Tugendbegriff gebraucht (hrsg. v. GERHARD KITTEL, Bd. II, Stuttgart 1935, 338-340).

71 *Dialoghi,* L. IV, c. 11; *PL* 77, 336.

72 Can. 6: BRUNS op.cit II, 19.

73 c. 13: *Corpus Christianorum* 148 A, 108.

74 *AAS*, 71, 1979, 406.

75 Jüngste, dem päpstlichen Schreiben bereits vorausgehende Erwägungen zum Priesterbild können uns auch auf Grund der theologischen Kompetenz ihrer Autoren behilflich sein. Ich erwähne nur das Buch von KARDINAL JOSEF RATZINGER, Zur Gemeinschaft gerufen, die Kirche heute verstehen. Hier wird in einem eigenen Kapitel die Frage nach dem Wesen des Priestertums behandelt (Freiburg 1991, 98-123).

76 Vgl. dazu etwa LEINWEBER, op.cit., 254 oder JOSEF ARQUER, in : Plädoyer für die Kirche (mm Verlag Aachen 1991) 292.

Bestellen Sie beim Buchversand **Maria aktuell:**

Postfach 53, D-88439 Mittelbiberach, T: 073 51/1 30 41, Fax 073 51/88 70
Postfach 172, A-6830 Rankweil, T: 0 55 22/4 63 00-0, Fax 0 55 22/4 63 00-5

Andreas Witko   **Best.-Nr. 15/0991**
Ein Bild bewegt die Welt
Die Andacht zur Göttlichen Barmherzigkeit
nach der seligen Schwester Faustine Kowalska
144 Seiten, 18 Abb., 12,8 x 19,6 cm, gebunden, DM 24,80*

Gabriele Amorth   **Best.-Nr. 21/0646**
Ein Exorzist erzählt
Vorwort von P. Candido Amantini
2. Auflage, 192 Seiten, 12,5 x 19 cm, Broschur, DM 18,80*

Daniel Langhans (Hrsg.)   **Best.-Nr. 04/3204**
Antwort auf den Mythos Drewermann
Mit Beiträgen von Bischof Karl Braun, Romano Guardini (†), Daniel
Langhans, Klaus Mertes und Jörg Splett
104 Seiten, 11,5 x 19 cm, Broschur, DM 14,80*

Ernst R. Hauschka   **Best.-Nr. 10/3266**
Der erste Stein
48 Aphorismen über Schuld und Vergebung
36 Seiten, 12 x 20 cm, geheftet, DM 4,80*

Ernst R. Hauschka   **Best.-Nr. 10/0496**
Ein Wort gibt das andere
48 Aphorismen über Kirche und Welt von heute
32 Seiten, 12 x 20 cm, geheftet, DM 3,80*

Christoph Kühn (Hrsg.)   **Best.-Nr. 04/0136**
Kirche im Gespräch
Theologische Orientierung-Geistliche Impulse
192 Seiten, 12,5 x 19 cm, Taschenbuch, DM 19,80*

Wilhelm Hünermann   **Best.-Nr. 19/0686**
Sankt Martin - Der Reiter der Barmherzigkeit
Ein Lebensbild des heiligen Bischofs Martin von Tours
296 Seiten, 13 x 20,5 cm, Broschur, DM 15,80*

* Unverbindliche Preisempfehlung

Katholische Weltanschauung – Unterscheidung im Geist

Herausgegeben von Hans-Peter Göbbeler und Dieter Josef Hilla

Bisher sind in dieser Reihe erschienen:

Band 1: ODA SCHNEIDER, **Vom Priestertum der Frau.** Abensberg 1993 (2. Auflage 1994). 120 Seiten, DM 17,80*. ISBN 3-930309-00-9
„Es gibt zur Zeit wohl kaum einen besseren, klareren und tieferen Beitrag zum Thema und zur Diskussion um das Priestertum der Frau…"
Der Fels (Februar 1993)

Band 2: HANS-PETER GÖBBELER, **Lese-Zeichen.** Bücher für das katholische Glaubensleben. Abensberg 1992. 80 Seiten, DM 12,80*.
ISBN 3-87442-040-X
„Die ‚Lese-Zeichen' sind eine Sammlung aktueller Buchbesprechungen; sie erweisen sich als eine echte Hilfe bei der Wahl guter theologischer Bücher…" Amtsblatt für die Diözese Augsburg (Februar 1993)

Band 3: WILLIBALD KAMMERMEIER, **Entäußerung und Herrlichkeit.** Von der Wirklichkeit christlicher Dichtung. Abensberg 1993. 128 Seiten, DM 16,80* ISBN 3-87442-048-5
„Abgesehen davon, daß die Lektüre durch die Vielfalt der inhaltlichen Aspekte und die flüssige Sprache fesselt, erfährt der Leser höchst interessante Details aus der Literaturgeschichte, bzw. aus der Geschichte von einzelnen Dicherleben." Timor Domini 22/3 (10.09.1993)

Band 4: HANS-PETER GÖBBELER, DIETER JOSEF HILLA, GUIDO RODHEUDT, MICHAEL SCHLÖSSER, **Zeitgemäße Kirche?** Junge Priester nehmen Stellung. Abensberg 1993 (2. Auflage 1994). 88 Seiten, DM 15,80*.
ISBN 3-930309-07-6
„Gerade in dieser immer hoffnungsloseren Welt muß eine wahrhaft ‚zeitgemäße Kirche' jedoch die Antwort des Glaubens bezeugen. ‚Ich bin der Weg, die Wahrheit und das Leben' (Joh 14,6)!" (Aus dem Vorwort)

Band 5: HEINRICH REINHARDT, **In Gottes Dienst.** Eine Annäherung an den heiligen Wolfgang von Regensburg. Abensberg 1994. 80 Seiten, DM 12,80*. ISBN 3-930309-04-1
„Vor 1000 Jahren, am 31. Oktober 994, starb Bischof Wolfgang von Regensburg. Aus diesem Anlaß versucht die vorliegende Schrift, dasjenige an ihm noch einmal klar herauszuarbeiten, was uns über den Abstand von 1000 Jahren hinweg noch immer frisch anspricht. Gemeint ist die Heiligkeit des Heiligen." (Aus dem Vorwort)

---

* Unverbindliche Preisempfehlung